मनमुग्धा- एक सोच

(काव्य - श्रृंखला)

- कविता भट्ट "मनमुग्धा"

First published in 2016 by

OpenCrayons.com
Wordit Content Design & Editing Services Pvt Ltd
Newbridge Business Centre, C38/39,
ParineeCrescenzo Building, G Block,
BandraKurla Complex, Bandra East,
Mumbai 400 051, India
T: 91 22 33040620

मनमुग्धा – एक सोच

एक मासूम मन से प्रेरित कलम और हृदय के मंथन को
अभिव्यक्त करती एक सोच और एक छोटी सी कोशिश

सादर समर्पित

गुरुर्ब्रह्मा गुरुर्विष्णुः गुरुर्देवो महेश्वरः ।
गुरुरेव परंब्रह्म तस्मै श्रीगुरवे नमः ॥

मानव जीवन के इतिहास में माँ का स्थान सर्वोच्च है । माँ हमारे जीवन की सर्व प्रथम गुरु है जिससे हमें इस जीवन को समझने और सीखने की सीख मिलती है ।

मेरी यह काव्य रचना मेरी गुरु - मेरी माँ श्रीमती कलावती भट्ट और मेरे मार्गदर्शक मेरे पिताजी श्री जयकिशन भट्ट को समर्पित है ।

मैं भाग्यशाली हूँ की मुझे काव्य लेखन की ओर रुझान मेरी माँ से मिला, जिन्होंने ज़िन्दगी के कई सारे अनुभव एकदम सरल भाषा में मुझे समझाए और मेरे बाल मन को प्रभावित किया ।
उन्ही के प्रेरणा श्रोत और आशीर्वाद से मैं अपनी कलम और हृदय का मंथन कर पायी हूँ । बिना उनके सहयोग और मार्ग दर्शन के मेरे लिये यह रचना को संजोना मुश्किल होता ।

इस पुस्तक के माध्यम से माँ मैं अपनी काव्य श्रृंखला की चंद पंक्तियाँ आपको समर्पित करते हुए कहना चाहूंगी -

"आँचल में जिसके मुझे
मिला प्यार और दुलार
मिली है फूलों की मुस्कान
और सूरज की रोशनी ।

जिसने दी है
ज़िन्दगी की नई शान
दिया है मुझको
जीवन का ज्ञान
मिला है मुझे
जिससे आत्मस्वाभिमान ।
जिसने पी है
मेरे जीवन की कड़वाहट
बरसाया है अमृत का सार
जिसने दी है
मुझे दरख़्त की छाँव
जीवन को छूने की अभिलाषा ।

जिसने दिया है साथ मेरा
बाँधा है जिसने भरोसा मेरा
और दिया है मुझे सम्मान ।

तुमसे बढ़कर कौन है वो माँ
दूर होकर जाना है माँ को
जो देती दोस्तों का प्यार
तो कभी गुरु का ज्ञान ।"

माँ, पापा यह रचना आपको समर्पित कर आपके सिखाये गए उद्देश्यों, मूल्यों और विचारों को अपनी काव्य तूलिका से रंगने की एक छोटी सी कोशिश है ।

साभार वंदन

करत करत अभ्यास के, जड़मत हो सुजान
रसरी आवत जात से सिल पर परत निसान ।

सत सत प्रणाम मेरे सभी आदरणीय गुरुजनों का जिनके प्यार,
आशीर्वाद से मुझे जीवन में हमेशा अभ्यासरत रहने की शिक्षा
मिली । हमेशा पत्थर से पारस बनने का जूनून मिला, मंज़िल को
पाने का हौसला मिला, जिनसे मुझे सीख मिली की "एक शिष्य
की तरह हमेशा ज़िन्दगी की पहेलियों से खेलो" ।

मैं धन्यवाद और अभिनन्दन करना चाहती हूँ अपने शिक्षकों का
जिनके आशीर्वाद, सहयोग और प्रेरणा से मुझे अपनी कलम से
ज़िन्दगी की गुत्थियों को लिखने की शिक्षा प्राप्त हुई।

मेरे शिक्षक कुमकुम सोती मैडम, दया पाण्डेय मैडम,
सरिता श्रीवास्तव मैडम, उमा कश्यप मैडम, आर. पी. चौहान
सर, प्रतिमा मैडम, किरण बसेरिया मैडम, किरण बाला मैडम,
मृदुला श्रीवास्तव मैडम, आर ऍन शर्मा सर जिन्होंने बचपन से ही
मेरी काव्य शैली को प्रोत्साहित किया और मुझे मार्गदर्शन दिया
की मुझे अपनी रचनाओं को एक रूप देना चाहिये । मैं आप सब
की आभारी हूँ।

मैं अत्यंत आभारी हूँ मेरी हिंदी शिक्षिका श्रीमती किरण बाला जी

मैडम और मेरी अंग्रेजी शिक्षिका श्रीमती मृदुला श्रीवास्तव मैडम का जिन्होंने मेरी कविताओं को पढ़ा, त्रुटियों को सुधारा और मुझे सही मार्ग दर्शन दिखाया ।

मैं धन्यवाद अर्पित करना चाहती हूँ मेरे कॉलेज शिक्षिका गीतिका जोशी मैडम, पी. पी. त्रिपाठी सर, गजेन्द्र नेगी सर का उनके आशीर्वाद, स्नेह और मार्गदर्शन से मुझे बल मिला और पढ़ाई के साथ साथ मुझे काव्य रुझान भी रहा ।

मेरे परम मित्र और मेरे पति ब्रजबासी पाड़ी को तहे दिल से धन्यवाद करती हूँ जिनके निस्वार्थ सहयोग, लगन की वजह से मैं यह काव्य संकलन पूरा कर पायी । उनको सिर्फ "कंप्यूटर की अल्गोरिथम्स" ही समझ आती हैं पर फिर भी मेरे "दिल और कलम की अल्गोरिथम" को उन्होंने सुना और प्रतिक्रिया दी । उनके अटूट स्नेह और सहयोग की मैं आभारी हूँ ।

मेरी बहन विजया जो हमेशा से मेरी प्रेरणा श्रोत रही है और मेरी आलोचक भी, मैं आभार व्यक्त करती हूँ की उसने अपना निजी समय निकाल मेरी रचनाओं को पढ़ मुझे प्रतिक्रिया दी ।

मैं आभार व्यक्त करना चाहती हूँ मेरी सास श्रीमती मनोरमा पाढ़ी जी का जिन्होंने मुझे भरपूर सहयोग दिया और मेरा हौसला बढ़ाया । मेरे ससुर स्वर्गीय श्री प्रकाश चन्द्र पाढ़ी जी को भी धन्यवाद अर्पित करना चाहूंगी जिन्होंने हिंदी की अच्छी समझ न होते हुए भी मुझे उकसाया, मेरी कई कवितायेँ सुनी और उन्हें सराहा ।

मैं आभार व्यक्त करती हूँ मेरी भाभी "अनुष्का" एवं "रेनू" का जिन्होंने मेरी काव्य रचनाओं को पढ़ मुझे प्रेरित किया की मैं इन्हे प्रकशित करूँ और जन जन तक अपनी आवाज़ पहुँचाऊँ ।

मैं आभारी हूँ वृंदा नोगाई भाभी जी की जिन्होंने मुझे हमेशा प्रेरित किया और अपनी प्रतिक्रियाएं दी। उनके मनोबल और प्रेरणा से मैंने एक छोटी सी कोशिश की - अपनी कविताओं को संजोने की इस पुस्तक के माध्यम से।

मैं अत्यंत आभारी हूँ मेरे भाई अशोक एवं हेमंत का जिन्होंने हमेशा मुझे असीम प्यार और सहयोग दिया, मुझे उकसाया और मेरी कलम की सराहना की। उनके हौसले से मैं आज यह रचना आप सबके सामने ला पायी हूँ।

कहते हैं बच्चे मन के सच्चे होते हैं, और वहां से मेरी रचनाओं को नया रूप मिला जिसे मैंने "मनमुग्धा" का नाम दिया। यह नाम मुझे प्रेरणा श्रोत मिला मेरे पुत्र रेयांश से जब वो चार वर्ष का था, जिसने मेरी कवितायों को बहुत ही मासूमियत से सुना और मासूम सी प्रतिक्रियाएं दी जिसने मेरा मन मोह लिया। "मनमुग्धा" का अर्थ यही "मासूम हृदय" है। इस प्रकार मैने अपनी काव्य रचनाओं को एक नया नाम देना का सोचा जो आप सबके सामने "मनमुग्धा " के रूप में प्रस्तुत करने की एक छोटी सी कोशिश है।

मैं आभारी हूँ मेरे मित्रों का जिन्होंने हमेशा मेरी रचनाओं को सुना, समझा और अपनी प्रतिक्रियाएं दी। हमेशा मुझे सराहा और उकसाया की मुझे काव्य संग्रह के बारे में सोचना चाहिये। मेरे मित्र उषा, स्वर्गीय मेघना पाठक, शिखा, अंशु, विनीता, दीपक, प्रभाकर, निष्ठा, फहाद, ज्योति, पूनम, छवि, अनुज, शिव, अमृत, कृष्णा, उमा, सागर, पद्मिनी, एनी, विवेक, निधि, जिन्होंने मेरी काव्य रचनाओं को सुना, पढ़ा और सराहा।

मेरे सहयोगी नरेंद्र कुमार गुप्ता को भी आभार व्यक्त करना चाहूंगी

जिन्होंने कई बार मेरी रचनाओं को पूरे धैर्य के साथ सुना और मुझे प्रेरित किया की मुझे काव्य संकलन को प्रकाशित करना चाहिये । मेरे सहयोगी मरीन ग्रेस का भी आभार व्यक्त करना चाहूंगी जिन्होंने मेरी रचनाओं को हमेशा सराहा और प्यार दिया और ऑफिस में कई मंच प्रदान किये मेरे काव्य संग्रह में से कुछ कविताओं को सुनाने का । मैं अत्यन्त आभारी हूँ डॉ राजा और डॉ शारदा का जिन्होंने अपना अत्यन्त कीमती समय निकाल मेरी कई सारी कवितायें पड़ी, सुनी और उनका भावार्थ समझ कर मुझे समझाया । इस बात से मुझे प्रेरणा मिली की काव्य एक ऐसा अनोखा मंथन है जो सबको भाता है और सब अलग त्रिकोण से कवितायों को समझते है, कविता का सिर्फ एक ही भाव नहीं होता उसे कई अन्य भावों के साथ भी पिरोया जाता है ।

मैं आभार व्यक्त करना चाहती हूँ समीर ,Wordit CDE से जो मेरा पुस्तक प्रकाशन संभाल रहे थे । जैसे की यह मेरी पहली पुस्तक थी पर उनके धैर्य और मार्गदर्शन से प्रकाशन संबधित कई जटिलताएं सुलझ गई । उन्होंने अपना अमूल्य समय निकाल कवर पेज और पुस्तक की कई बारीकियों पर अपना सुझाव और प्रतिक्रिया दी जिससे मुझे काफी सहायता हुई अपनी कवितायों को व्यवस्थित करने में ।

हिंदी साहित्य के जाने माने कवि श्री नारायण अ कुलकर्णी ("काव्य श्री - अंतर्राष्ट्रीय सम्मानोपाधि तथा सुरभि साहित्य संस्कृति अकादमी) जी को भी धन्यवाद करना चाहूंगी जिन्होंने मुझे साहित्य अध्यन करने की प्रेरणा दी और मेरी काव्य शैली को नयी दिशा दी । मेरी कई कवितायेँ उन्हें बेहद पसंद आई और कई पर उन्होंने अपनी प्रतिक्रिया दे मुझे सही मार्ग दर्शन दिया ।

अंत में बस इतना ही कहना चाहूंगी की "परमात्मा से बढ़कर इस जगत में कुछ भी नहीं" । उनके आशीर्वाद से मैं अपनी काव्य श्रृंखला की पहली कड़ी जोड़ पायी हूँ । उनके स्नेह और आशीष से मुझे जीवन में मेरे माता पिता,सच्चे गुरु, सच्चे मित्र और परिवार जन मिले जिनके सहयोग से एक "मनमुग्धा " का जन्म हुआ ।

कुछ पंक्तिया परमात्मा जी को अर्पण करते हुए उन सभी को कोटि कोटि प्रणाम जिन्होंने अपरोक्ष रूप से मुझे सहयोग दिया -

"इबादत है तू मेरी
और इशरत भी तू
तू है मेरी रूह
और तू है मेरी जुस्तजू
मेरी हाथो की
लकीर में तू
और मेरी हर एक
सांस में तू।

ऐ खुदा खुद को
मुझसे यूँ दूर ना कर।
तेरी ताबीज़ में हूँ
मैं और मेरा अक्ष
तुझमे हूँ समाई मैं
और मुझमे है तू।

तेरी धुन पर यूँ
उठ कर पढ़ती हूँ
ज़िन्दगी की नमाज़ मैं।
तेरी आयतों को सम्भाल कर
पिरोती हूँ हर रोज़ मैं।
तेरी रूह से जुड़कर ,
जुड़ जाती हूँ
मैं इस जहाँ से परवरदिगार।
तू है मेरी हर एक सांस में।
और तू ही मेरी
ज़िन्दगी की बदलती साज़ में।

– ओम श्री साईं बाबा

परिचय

कविता भट्ट "मनमुग्धा"

"प्रकृति में ढूंढ़ती वो अपने काव्य को
इधर उधर बेचैन संवादों में उलझी सी
तो कभी नए तरंगो को ढूंढती सी
कभी निराश तो कभी उदास सी
कभी ओज भरी, चंचल सी।

कलम और हृदय से खेलती सी
कई विचारों का मंथन करती सी।
यही है छोटी सी पहचान
इस मनमुग्धा की
और एक सोच की ।

यूँ तो कहते हैं कि किताबें सबसे अच्छी दोस्त होती हैं पर जब किताबें और कलम एक साथ मिल जाएं तो कई नई कहानियों को जन्म देते हैं। बचपन में किताबों पर शब्दों को इधर उधर लिखना, अलग अलग चित्र बना उन्हे शब्दों से जोड़कर उन्हें समझने कि इच्छा होती थी। कभी नहीं सोचा था कि शब्द इतने दिलचस्प होते होंगे।

मेरा जन्म रामपुर उत्तरप्रदेश में हुआ। बचपन और पढ़ाई अपने स्कूल के साथियों संग केंद्रीय विद्यालय में की। पैतृक स्थान पिथौरागढ़ -कोटेश्वर (उत्तराखंड)। बचपन में कई बार अपने पैतृक घर गर्मियों की छुट्टियों में जाते थे। वहाँ का कोमल वातावरण दिल के किसी कोने मे क्रीड़ा

करता रहता था । वहाँ की पाक सुगंध दिल को हमेशा उमंग से भर देती थी । वो पहाड़, वो झरने, वो शीतल पानी, वो हवा, वो सोने सा चमकता हिमालय सब कुछ स्वर्ग सा प्रतीत होता था । उस समय लगता था कि बस आसमान से बाते करते रहो । घंटों सीढ़ीनुमा खेतों के बीच पेड़ों पर लगे हुए झूलों में खेलते रहते थे और आकाश में उड़ने वाले पंछियों से ढेर सारी बातें करते थे । उनके कलरव सुन कई पंक्तियाँ बनाते हुए उन्हे गुनगुनाते रहते थे । उस वक़्त उन सुरों से मोहित हो छोटी छोटी कवितायेँ लिखने का मन होता था ।

मुझे याद है वो जगह,वो झूला,वो खेत,वो समय और दिन का वातावरण जब मैने पहली बार कोई कविता बनाई और उसे गाने की कोशिश भी की । कुछ धुँधला सा याद है एक पंछी को देख उड़ने की कोशिश में अपने झूले की पैंग बड़ाते हुए कुछ ऐसा बनाया था

आकाश में उड़ता चल

आकाश है सुंदर घना

आकाश में उड़ता चल

पैंग लगा ज़रा ज़ोर से

उस पंछी संग तू चल

आकाश में उड़ता चल –
(कई बार इसी पंक्ति को दोहराते हुए पैंग बढ़ाती रही)

फिर धीरे धीरे छोटी छोटी कविताओं को संजोना शुरू किया । एक कविता "सत्ता" सन १९९६ में जनसत्ता नामक अख़बार में प्रकाशित हुई वहाँ से मेरे परिवार जन और शिक्षकों ने प्रेरणा दी की मुझे लिखना चाहिये । 12वीं पास करने के बाद ग्रॉजुयेशन करने के किए कुमाऊं विश्व विद्यालय अल्मोड़ा गई । वहाँ का रमणीक वातावरण जैसे जादू बिखेरता था , वहाँ का सब कुछ मन मोहित करने वाला था !!! उस दौरान मैने

कई कविताएं लिखीं जिनमे से कुछ इस काव्य श्रृंखला में भी हैं । IT
सेक्टर में जॉब करने के दौरान नई चीज़ें सीखनी को मिली और अपने
आप को ज़िंदगी की अलग तरह की दौड़ में महसूस किया । उस दौरान
भी कई कवितायेँ लिखी । अभी वर्तमान में Accenture Services
Pvt. Ltd. में कार्यरत हूँ जहाँ पर मुझे कई मंच मिले अपनी कविताओं
को साझा करने के । BITS Pilani से M.Tech किया । फिर कुछ दो
वर्ष पूर्व रूचि स्वरूप एक कविता लिखी जिसे मेरे पुत्र रेयांश ने बहुत चाव
से सुना और अपनी तुतली भाषा में उसे दोहराने लगा जिसे सुन में मंत्रमुग्ध
हो गई और फिर मैने सोचा की अब से मैं अपना काव्य सृजन इसी मासूम
सोच पर रखूँगी जिसे मैने नाम दिया "मनमुग्धा " जिसका अर्थ है "मासूम
मन " । उस मासूम मन से मुझे प्रेरणा मिली की मैं अपनी काव्य रचना
सिर्फ़ अपनी कलम और अपने बीच ना रखूं और इस तरह सोचा की
बचपन से लिखे आजतक की कविताओं को चुन उन्हे प्रकाशित करूँ.।

मुझे लिखने के आलावा इंटीरियर डिजाइनिंग, प्राचीन इतिहास और
बागवानी में रूचि है ।

मनमुग्धा - एक सोच मेरी पहली काव्य श्रृंखला है ।
अपनी प्रतिक्रिया आप भेज सकते हैं -
Email : mannmugdha15@gmail.com OR kavitabhatt1506@gmail.com
Facebook : https://www.facebook.com/mannmugdha
Twitter : https://twitter.com/mannmugdha
Website : www.kavitabhatt.com

दो शब्द –

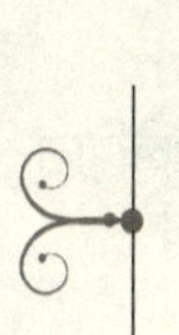

मनमुग्धा की कलम से

"मनमुग्धा – एक सोच" इस काव्य रचना के माध्यम से "मनमुग्धा" ने जीवन के उन पहलुओं को बताने की कोशिश की है जो कहीं लुप्त हो चुके हैं। उन सपनों को नये पंख देने की कोशिश की है जो कहीं मूक बन रोज़मर्रा की ज़िन्दगी में किसी आगार कूप में विलीन हो जातें हैं। अपनी ज़िन्दगी की विभिन्न परिस्थियों, सफर और अनुभव को काव्य तरंगों के माध्यम से प्रस्तुत करने की कोशिश की है।

मनमुग्धा की सोच को व्यक्त करते हुए –

"मनमुग्धा एक सोच
पिरोती उन विचारों को
जो हैं लुप्त कहीं
देने की कोशिश में कुछ नए पंख
उन सोते सपनों को
पिरोये हैं चंद ख़्वाब यहीं

मूक बने सपने जो कहीं
रोज़मर्रा के गर्त में
जगाने आई है मनमुग्धा
अपनी इन काव्य रचनाओं के माध्यम से"

इन्सान को लगता है की इस धरती पर सिर्फ वही है जो सर्व आदरणीय, शक्तिशाली है पर ऐसे ही भ्रम को तोड़ने की कोशिश में बेजान वस्तुओं के साथ हुए संवादों और उनकी अनकही बेजुबान बातों को जुबान देनी की भी कोशिश की है ।

ज़िन्दगी में कई उतार चढ़ाव आते हैं । कभी हार तो कभी जीत,पर हर जज़्बात कहीं ना कहीं एक नया किस्सा और एक नयी कहानी लिखता है । हर बेजुबान चीज़ के भी अपने कई अनुभव होते हैं अपने संवाद होते हैं । प्रकृति की बनाई गई हर एक दृष्टि, हर एक वस्तु का अपना एक महत्व होता है ।
ऐसे ही प्रकृति, जीवन, अनुभव, अभिलाषा, सोच, पल, सपने, मंज़िलें और कई सारी बातें जिनके समन्वयय को मिश्रित करने की कोशिश की है ।

कुछ पंक्तियाँ जो की बेजुबान हुए वस्तुओं से हुए
संवादों को बयां करती है -

"किताबें करती हैं मुझसे
यूँ ढेर सारी बातें आज ।
याद दिलाती है उन लम्हों की
जब मैं थी एक फ़क़ीर ।

इस अरदास से
रिश्ता जोड़ा था
उन किताबों से ।
की रहूं ना कभी फ़क़ीर ।"

इसी तरह ज़िन्दगी और प्रकृति के कई अन्य पहेलियों के साथ हुए विचार मंथन को भी एक नयी सोच देने को कोशिश की है। कई जगह पर ज़िन्दगी की भागम भाग की अनुभूति को अपने शब्दों में पिरोकर नयी उम्मीद जगाने की कोशिश की है तो कहीं दोस्ती पर नए विचार व्यक्त किये हैं।

कहीं समय की परिभाषा को संजोया है तो कहीं निराशा के बादल से उभरने की कोशिश की है।

हमारे आस पास कई छोटी छोटी चीज़ें होती हैं जिन्हे हम महसूस नहीं कर पाते हैं जैसे शब्दों की पहचान, हम हमेशा भारी भरकम शब्दों का प्रयोग कर बस एक दूसरे को प्रभावित करने की होड़ में लगे रहते हैं पर संवाद का सही अर्थ भूल जाते हैं, ऐसे ही उन शब्दों का दर्द अपनी कलम के माध्यम से पिरोने की भी एक छोटी कोशिश की है।

"शब्दों की भले ही
कोई जुबान न हो
पर छेड़ते हैं वो
हमेशा एक नयी धुन
और गाते हैं
एक नया सुर।

अर्थों की वीणा पर
छेड़ कर तो देखो
वही शब्द गूंजते हैं
एक उम्मीद बन।"

तो कहीं पर शब्दों के हृदय उद्गार कुछ ऐसे व्यक्त करते हुए -
"मैं सिर्फ एक शब्द ही नहीं
मैं एक भाव हो,
मैं एक काव्य का हिस्सा हूँ।
मैं काव्य ग्रंथि तो नहीं
पर हूँ मैं उस
काव्य के काव्य का -
एक छोटा सा हिस्सा। "

कई संवाद हैं इन्सान द्वारा तय किये गए मंज़िल और इन्सान के
बीच जैसे की -

" जहाँ एक वक़्त की
सांस भी हम ढो नहीं पाते हैं।
जहाँ रिश्तों की एक तूलिका भी
हम सजा नहीं सकते हैं।
मंज़िल मुझे देख कर हंसी
और फिर थोड़ी देर गंभीर सी
मूक सी, बैठी रही
और फिर तपाक से बोली।"

कई जगह पर "मनमुग्धा" कहती है कि कई बार मूक भाषा से भी
कई किस्से सुलझ जातें हैं तो फिर क्यों शब्दों के जाल में फंसना
। जैसे कि -

"समझ लिया
यह संसार गर
सीख लिया गर
तूने देना प्यार

शब्द की
कोई बिसात नहीं की
लड़ पाये कोई
वो किस्से फिर हज़ार।"

कहीं पर मनमुग्धा को लगता है कि क्यों वतन के टुकड़े हो चले हैं, वतन का दर्द कुछ ऐसे व्यक्त करते हुए "मनमुग्धा" कहती है -

"क्यों बाँट दिया मेरे वतन को
मिट्टी के कई नामों से
कहते हैं शाषन है आसान
पर भूल जाते हैं
इंसानों का भी वहीं
हो जाता है बटवारा। "

कवि मन की भी कुछ बातें व्यक्त करने की कोशिश की है -

"मैं हूँ एक कवि
काव्य -रस ही भाता है।
बांध सकी ना कोई ज़ंज़ीर कभी
मेरे उन्मुक्त विचारों को।
तोड़ सकी ना कोई सरहदें
मेरी ज़िद्दी कलम के पैमाने को।
भेद सका ना कोई मेरे
काव्य रस के पैमाने को।
हृदय ग्रंथि के टुकड़े
चाहे जितने तुम यूँ कर लो

हर एक कण में बसता है
वो काव्य रस का टुकड़ा है । "

कहीं पर मनमुग्धा प्रश्न करती है उन योद्धाओं से जो शब्दबाण
बन आपस में ही लड़ रहे हैं -

"जंग में लड़ते से
उन शब्दों से पूछ बैठी
क्यों है लड़ाई इतनी आपस में
क्यों है गुस्सा इतना अपनों में
निकले हो तुम एक ही तरंगों से"

कभी कभी मनमुग्धा को लगता है की बुलंद हौसलों के पीछे एक
सच्चे पंख भी आवश्यक हैं कुछ ऐसे-

"नहीं आसान होती है
कच्चे पंखों से उड़ान ।
नहीं होते हैं कभी भी
सफल वो
जिसके होते हैं
इरादे बईमान । "

कहीं पर कवि की कलम बहुत ही गर्वान्वित प्रतीत होती है,
कहती है

"मैं हूँ कलम
एक कवि की कलम
उन सुरों की कलम –
जो काव्य तरंगो से कर विवाह
जुड़ जाती है
उस काव्य– गृहस्थी से।"

कहीं सपनों को नन्हे बच्चों का रूप दे उनकी ज़िन्दगी के हर एक
पड़ाव को जोड़ने की कोशिश की है।
"मनमुग्धा " अभी बाल रूप में सपनों को कुछ ऐसे सोचती है –

तितली सी,
नन्ही नन्ही पंखों पर
खूबसूरत रंगों की
तूलिका को सजा कर।
भिनक भिनक कर,
थपक थपक कर
नन्हे नन्हे कदम आज चल पड़े।
टुकुर टुकुर उड़ रहे हैं मेरे
वो बेचैन नन्हे सपने।

आईये जुड़िये मेरे साथ इस काव्य रचना के सफर में।
यह मनमुग्धा उम्मीद करती है की आप सभी को मेरी यह पहली
पहल पसंद आये।

अनुक्रम

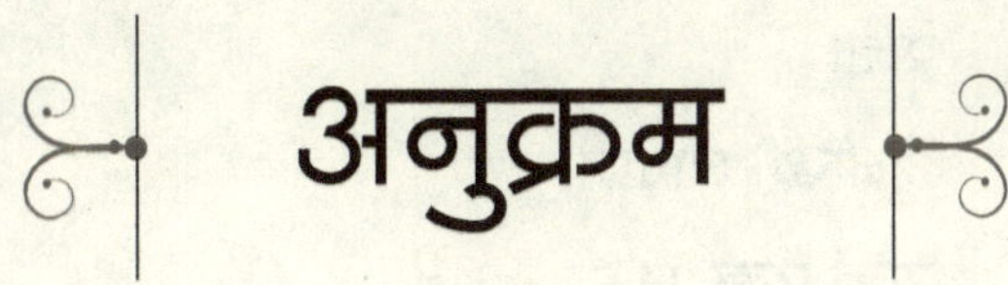

मनमुग्धा– एक सोच

मनमुग्धा - एक सोच
पिरोती उन विचारों को
जो हैं लुप्त कहीं।
देने की कोशिश में
कुछ नए पंख
उन सोते सपनों को
पिरोये हैं चंद ख्वाब यहीं।

मूक बने सपने जो कहीं
रोज़मर्रा के गर्त में
जगाने आई है मनमुग्धा
आज इन काव्य श्रृंखलाओं में।

कई संवादों के संघर्ष को
सजाते हुए
प्रकृति से जुड़े रिश्तों को
महसूस करती सी
कई अनकही
अनसुलझी कड़ियों को
सुलझाने की ज़िद में
बनायी है यह काव्य श्रृंखला।

बाल मन से उपजी
- मैं मनमुग्धा
मासूम सवालों से
निकले हृदयांश को
समेटने की कोशिश में
निकली हूँ अपनी तूलिका
और आप सभी
का प्यार समेटे।

प्रकृति में ढूँढ़ती
वो अपने काव्य को
इधर उधर बेचैन
संवादों में उलझी सी
तो कभी नए तरंगो
को ढूंढती सी
कभी निराश तो
कभी उदास सी
कभी ओज भरी ,चंचल सी।

कलम और हृदय से खेलती सी
कई विचारों का
मंथन करती सी।
यही है छोटी सी पहचान
इस "मनमुग्धा" की
और एक सोच की।

किताबें करती हैं मुझसे

किताबें करती हैं मुझसे
यूँ ढेर सारी बातें आज।
याद दिलाती है उन लम्हों की
जब मैं थी एक फ़क़ीर।

इस अरदास से
रिश्ता जोड़ा था
उन किताबों से।
की रहूं ना कभी फ़क़ीर।

पर अब लगता है कहीं दूर
हम भटक चले हैं
अपने वजूद से
अपने आप से।
खुद कर लिया है हमने
अपने को दूर यूँ खुद से।

किताबें बोली –
सुन "मनमुग्धा" – तू तो
कभी फ़क़ीर थी ही नहीं
फ़क़ीर तो मैं हूँ हमेशा से
क्यूंकि मैं तो सिर्फ
देते आई हूँ
कुछ भी तो नहीं है मेरे पास।
पर मैंने दिया है
तुम सबको जीने का मकसद।

किताब यूँ बोली फिर से –
उन बेजान पन्नों को
तुम लोग हमेशा से एक
कागज़ ही समझते आये हो।
पर जिसने मुझे लिखा है
उसने मुझे समझा है
और मेरा मकसद भी।

भले ही मैं बेजुबान हूँ
पर उतरती हूँ इस दुनिया में।
तेरे सहारे
तेरे सोच के सहारे।

यूँ कभी बदनाम ना
होने देना मुझे।
हो सके तो
धोखा ना देना मेरे
अस्तित्व को।

उतार लेना मेरी ज़िन्दगी के
हर एक पन्नों को।
देना इस दुनिया को बहुत कुछ
जैसे देती आई हूँ
मैं तुम सबको।

किताब फिर से बोली
मुझे पता है मनमुग्धा की तू
सुन नहीं रही है
सोच रही है की -
किताब में जज़्बात कहाँ
फिर परेशान सी किताब
बेचैन सी फिर से बोली
मैं तो हमेशा से ही
एक फ़क़ीर हूँ।

किताबें करती हैं
ढेर सारी बातें मुझसे
यूँ फिर से आज।

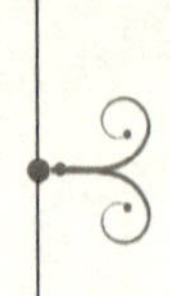

टुकुर टुकुर
उड़ रहे हैं मेरे

टुकुर टुकुर उड़ रहे हैं मेरे
वो बेचैन नन्हे सपने ।

तितली सी, नन्ही नहीं पंखों पर
खूबसूरत रंगों की
तूलिका को सजा कर ।
भिनक भिनक कर,
थपक थपक कर
नन्हे नन्हे कदम आज चल पड़े ।
टुकुर टुकुर उड़ रहे हैं मेरे
वो बेचैन नन्हे सपने ।

मुकुर मुकुर से
ठुमक ठुमक कर
पुलट पुलट कर,
नन्हे कदम
ऊंचे आसमानों को छूने चलें हैं ।
बिखर बिखर कर

फिर जुड़ कर
थपक थपक कर
फिर मुड़ मुड़ कर
हंसी ठिठौली करते
चले नन्हे सपनों के कदम।

टुकुर टुकुर उड़ रहे हैं मेरे
वो बेचैन नन्हे सपने।

फिर से गिर-गिर कर
फिर उठ-उठ कर
बिलख-बिलख कर
सिसक-सिसक कर
संभल-संभल कर
उड़ चले नन्हे कदम
पंखों का रूप दे।

मेरे मन से उपजे
मेरे यह सपने
बाल रूप में सोते से
फिर उम्मीदों के
स्वप्नों में खोते से
मुग्ध करते से
फिर चल पड़े नन्हे
सपनों के कदम
अपने उन सपनों की ओर।

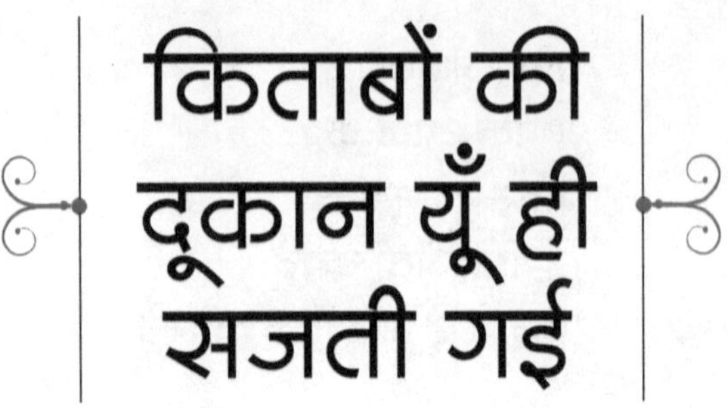

किताबों की दूकान
यूँ ही सजती गई
पर मासूम पन्नों की राह
फिर भी तनहा रही ।

कौन नहीं है तनहा यहाँ
इंसानों की क्या बात करें
अब तो बेजुबान पत्थर भी बोलते हैं
तन्हाई की नई दास्तान ।

खुली सड़क पर जहाँ कभी
खेला करता था बचपन मेरा ।
आज वहां तन्हाई भी
अपना दम तोड़ती
इतने अकेले हैं लोग यहाँ
की हंसी भी अब ढूंढ़ती है
आशियाना नया ।

ठिठुरती सर्दी में जहाँ कभी
सर्द हवाओं की मौजों में
दिन भर करते थे किलकारी।
वहां अब पंछी भी आने से
कतराने लगे और
अपने ही बनाए घोसलों में
अपनी पहचान छुपाने लगे।

मौसम की क्या बात करें
अब तो मूक शाखाएं भी
छोड़ चुकी अपने वृक्षों का साथ
बन कर अजनबी सी
भुला बैठी अपना वो एहसास।
जिससे जुड़े थे
उस वृक्ष के कई साक्ष।

तन्हाई के धागे
जोड़ लिए हैं सबने ऐसे
भूल गए हैं हम सब
अपनों का साथ
अपनों का प्यार।

खुद को ढूंढने में ऐसे लगे
कि
तन्हाई की भूल भुलैया में ही
गोते लगाते रह गये ।
क्यों हो चले हैं सब तनहा यहाँ ।
और फिर
किताबों की दूकान
यूँ ही सजती गई
उन मासूम पन्नों की राह
फिर भी तनहा रही ।
बेजुबान पंछी और शाख
यूँ ही तकते रहे ।

बारिश की वो भोली बूंद

बारिश की वो भोली बूंद
उसकी पाक सी वो सुगंध
कुदरत का प्यार समेटे
बाहें फैलाये
यूँ विभोर करती हमें।

चंचल सी छप छप करती वो फुहार
दिल के किसी कौने में
भरती है प्यार की एक झंकार।

मद्धम-मद्धम हौले-हौले
देती है ख़ुदा का
एक प्यारा सन्देश
की ज़िन्दगी है
बस खुशियों और
प्यार को बाटने का नाम।

गम के सारे बादलों को चीर
जब ओढ़ती है
वो इस धरा के आँचल को
लगता है
चुलबुली सी एक पहेली कहीं
दूर आँगन में खेलती है वो
अपनी कहानी की
एक नई कस्ती बनाकर।

बारिश की वो भोली बूंद
उसकी पाक सी वो सुगंध
कुदरत का प्यार समेटे
बाहें फैलाये यूँ विभोर करती हमें।

शब्द कहते हैं मुझे

शब्द कहते हैं मुझे
लिखना है तो
लिखो ऐसे मुझे
जैसे हो दो आत्माओं
का दिव्य मिलन
जैसे आकाश की परिधि में
चक्कर लगाते पंछी कहीं ।

नहीं लिखो मुझे
सिर्फ दुनिया को
जतलाने के लिये ।
नहीं लिखो मुझे
अपने स्वांग भाव से ।

लिखो ऐसे जैसे
स्नेह हो माँ का
लिखो ऐसे जैसे
मिलती हो सरिता सागर से ।

मैं सिर्फ एक शब्द ही नहीं
मैं एक भाव हूँ,
मैं एक काव्य का हिस्सा हूँ।
मैं काव्य ग्रंथि तो नहीं
पर हूँ मैं उस
काव्य के काव्य का –
एक छोटा सा हिस्सा।

वजूद मेरा सिर्फ
एक सीमा पर
नहीं होता खत्म
मैं उस असीम
आकाश का हिस्सा हूँ
जिससे एक कविता का
होता भाव पूरा।
जिससे होता है एक
अर्थ का भाव पूरा।
जिससे होता है एक
संवाद का अर्थ पूरा।

जोड़ो मुझे ऐसे
जैसे जुड़ती है
भक्त की भक्ति ईश्वर से।
जैसे जुड़ती है
माँ की ममता बाल हृदय से।
जोड़ो ऐसे जैसे
प्रकृति जुड़ी हम सबसे।

मैं हूँ एक शब्द
लिखो ऐसे की
हो जाये कलम भी गर्वित।
मूक भले ही हूँ
पर जोड़ देता हूँ
समस्त संसार को
एक अर्थपूर्ण भाव से।

ढूँढ कर उन दरख़्तों से

ढूँढ कर उन दरख़्तों से
चुराया है
हमने तेरा वो आगाज़ आज।

मोहब्बत है
मंज़िल से हमें यूँ
कि ख़ुद मंज़िल को भी नहीं है पता।
की कोई है –
उनका इतना बड़ा इनामदार यहाँ
इस दुनिया में।

जहाँ एक वक़्त की सांस भी
हम ढो नहीं पाते हैं।
जहाँ रिश्तों की एक तूलिका भी
हम सजा नहीं सकते हैं।
वहां ढूंढने चली हूँ
मैं मंज़िलें कई।

मंज़िल मुझे देख कर हंसी
और फिर थोड़ी देर गंभीर सी,
मूक सी, बैठी रही
और फिर तपाक से बोली –

सुन तू तो खुद
अपना ना हो सका।
क्या पता तू मुझे
सच में सिद्दत से चाहता है
भी की नहीं।

मुझे इल्म है की
मैं तेरी ख़्वाइश हूँ।
बस तेरे जूनून की
ताकि तू दुनिया में
दिखा सके की
तू है सबसे बड़ा
और सबसे अमीर।

पर हक़ीक़त तो यह है मेरे दोस्त
की मैं हूँ सिर्फ उसकी
जिसने की है मुझसे इबादत
सच्चे दिल से
सच्ची रूह से।

जो पाना तो चाहता है मुझे
पर एक सोच से।
एक लगन से।
एक विश्वास से
की
हर चीज़ को पाना है
अच्छाई के साथ
इन्सानियत की रूह को
रख कर ज़िंदा।

तू मुझे पा भी ले तो भी क्या
पर सुकूने गर ना मिलेगा तुझे।
सूफियाना है जज़्बा मेरा
जो पाता है मुझे
करती हूँ मैं – इबादत उसी की।

यह ज़िन्दगी तो एक फलसफा है
तेरे मेरी बातों का
जो तू करता है
हर रोज़ मुझ से।

हर रोज़ मुझे
चाहने की होड़ में
खुद को जाता है भूल।
और फिर यूँ ही अपनों को
और अंत में मुझे भी।

और वही मृग–मृश्चिका सा
गुम यहाँ वहां ढूंढता है मुझे
यूँ बिफर बिफर कर।

सुन वक़्त है अभी भी
कर तू सच्ची इबादत खुद से।
अपने कर्म से
मैं तो क्या,
ख़ुदा भी हो जायेगा
परवाना तेरा।

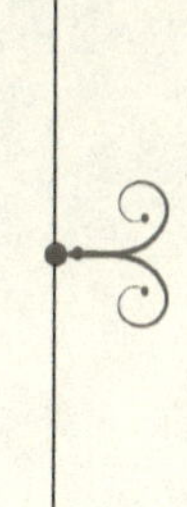

सूरज
के प्रांगण

सूरज के प्रांगण में
खेलती एक नन्ही किरण
बन कर नारंगी सारंग
बजाती है वो मृदंग ।

थिरकती तान पर सवार
वो ओज और जोश की तार
सुनाते हैं दास्तां
उन शूरवीरों की
उन सिपाहियों की ।
जिन्होंने रखी थी अपनी शान
अपनी आन और अपनी जान
तलवार की धार पर ।
ऐसा है देश मेरा ।

तांडव किया था उन्होंने
रक्त के गुलालों से
खींचा था वीरता का
एक चक्रव्यूह नया

और गूंज उठी थी
आजादी की शहनाई कहीं।
ऐसा है देश मेरा।

मखमल सी चाँद की
चांदनी लिए
दिल में शीतलता और
शांति का प्रतीक लिये
दिए हुए कई प्रज्जवलित कहीं
दूर देश तक फैले
जिसकी अमन और शांति के मंत्र
ऐसा है देश हमारा।

पग पग पर जिसने छेड़े
प्यार के सुर और धुन
मीठे बर्फ सी फुहार लिये
जो फैलाए पास सुख और शांति
ऐसा है देश मेरा।

हरी भरी वादियों से सजा
पुलकित प्रकृति में धुला सा
जमीन से आसमान तक
जुड़े जो प्रगति के मैदान तक
ऐसा है देश मेरा।

इन्ही तीन रंगों से
बनता है तिरंगा हमारा
इन्ही तीन रंगों में
डूबा हुआ देश मेरा
और शीश मेरा।

ऐसा है देश मेरा।
ऐसा है तीन रंगो का
बंधन मेरा
ऐसा है तीन रंगों से सजा
वतन मेरा।

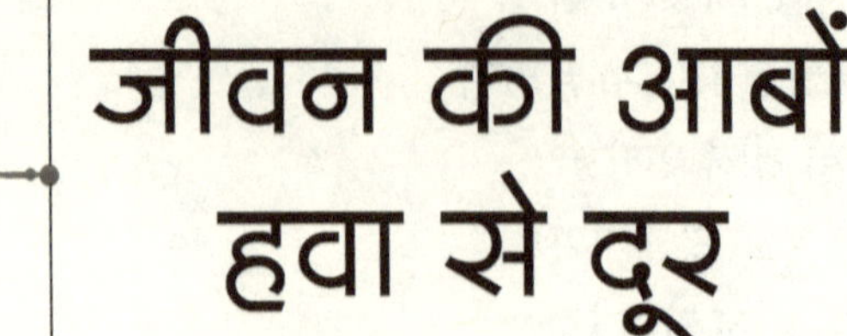

जीवन की आबों हवा से दूर

जीवन की आबों हवा से दूर
उन दरख्तों को
यूँ ही नहीं संभाला मैंने ।

जीवन की उन बेजान रस्मों को
यूँ ही नहीं सींचा है मैने
कौतूहल हो-
आती हर साज को
यूँ ही नहीं अपनाया है मैंने ।

फिर क्यों दरख्तों की छाया
रस्मों की गरिमा
और साज की पाकीज़ा
दगा दे गई मुझे ।

क्या मैं ही मिली थी
उन दरख्तों की कुटिल आवाज़ों को ।
रस्मों की उन बेबुनियाद धरा को ।
क्यों छोड़ गये ये अपना आगाज़
मेरे लिए
जो कभी मेरे थे ही नहीं ।

ना ही सींचा मैंने इन्हे
इस चाह से की
दे जाए मुझे भी ये
दरख़्त की ठंडी छाँह ।
रस्मों की जीवंत चाह
और
साज की निश्छल पनाह ।

चाहा था सिर्फ इनका प्यार ।
इनकी निष्ठा
क्यों दे गए दगा ये फिर
क्यों छोड़ दिया
दरख़्त ने छाँव का साथ ।
क्यों भूल गई
रस्में अपने इबादत का साथ ।
और
साज क्यों भुला बैठी अपना सार ।

चली थी, इन्हे जीवंत करने
पर भूल गई की
मैं तो हूँ बस एक इन्सान ।
चली थी इन्हे जीवंत करने
पर दे गए दगा मुझे
इसका मुझे मलाल नहीं ।

पर जीवन का हर एक पहलू
यूँ ही गर होता गया बेअसर।
तो कहाँ जाएंगे
मैं और आप
हो सके तो समेटो इन्हे।
कहीं देर ना हो जाये
कहीं साज़ का तूफान आये
रस्मों को तोड़,
दरख्तों को उखाड़ ना ले जाये।

कवि की कलम

मैं हूँ कलम
एक कवि की कलम
उन सुरों की कलम -
जो काव्य तरंगो से कर विवाह
जुड़ जाती है
उस काव्य- गृहस्थी से।

जैसे समेटे हो कोई
संदेशों का परिवार कहीं
भिन्न भिन्न विचारों से लड़कर
फिर भी जुड़ी रहती है
अपने कवि से।
मैं हूँ कलम
एक कवि की कलम।

साक्ष रहा है इतिहास हमारा
जब-जब जुड़ी हूँ मैं
अपने कवि से
तब तब ले आई हूँ
मैं सैलाब कहीं।
कई हुए बे-नकाब सर जमीन

तो कहीं जोड़ दिया था
कई दिलों को क्रांति के साथ ।
मैं हूँ एक कलम
एक कवि की कलम ।

मंथन कर के ही
उद्गार निकलते हैं मुझसे ।
शब्द शकट से
लड़कर ही
बनाती हूँ अपनी पहचान नयी ।
मैं हूँ एक कलम
एक कवि की कलम ।

सन्देश वाहक सी
कवि हृदय को गूंदती सी
कभी ओज प्रवाहिनी सी
तो कभी भ्रमित तितली सी
उड़ूँ काव्य तरंगों के साथ
मैं हूँ एक कलम
एक कवि की कलम ।
अपने कवि की कलम ।

सोच की वह एक पहल

सोच की वह एक पहल
रूह से जुड़ी इस कदर
की बहक से गये आज ये
कदम कहीं उस ओर।
जिस ओर मेरी तक़दीर की
मंज़िल लिखी थी कहीं।

बचा कर उन
नन्हे सपनों के अंकुर को
आज फिर सजाना है।
बिखर ना जाये कहीं
दहकती धड़कनों के साथ
– वो मचलते अंगारे
आज फिर से उन्हें
नई राह दिखाना है।

दूर कहीं चली
एक कस्ती मेरी
उसे लौटा कर
आज फिर लाना है
क़दमों में आज फिर
वही एहसास गुंजाने है।

मेरे सपने हैं मेरे अपने
ना देना किसी को हक़ की
कुचल दे उन्हे
कोई कांच की तरह।

टूटने से बचा लो अपने
उन नन्हे सपनों को
जिसे तुमने अपना बनाना है।
जो हैं सिर्फ और सिर्फ तुम्हारे अपने
जकड़ लो उन्हें अपनी
ज़िद की देहलीज़ में
भूले से भी भागे ना कहीं।

सोच की वह एक पहल
रूह से जुड़ी इस कदर।
उन नन्हे सपनों के
अंकुर के साथ।

बारिश की औंधी बूँद

बारिश की औंधी बूँद
भीगे मन मुझसे कहे ।
गिरती जमीन पर तो
महक जाता संसार सारा ।

गर गिरती नदी मे तो
अविचल हो जाती ।
गर मिलती सागर से तो
निर्वाण मिल जाता ।

गिरी जो तेरी ओक पर
तो मुस्का उठी मैं
इस ख़ुशी से की
मैंने जीवन को महसूस किया
मैंने परमात्मा के वजूद का
साक्षात्कार किया ।

वो अविचल सी
उछलती सी
फुदकती सी
गिर पड़ी मेरी ओक से
जैसे खुश हो बहुत कोई
निर्वाण के पश्चात ।

वो भोली सी मासूम
टपककर फिर आई
मेरे ओक पर
और बोली
खुशनसीब है वो
जिन्हे मिली यह मानव काया।
कुदरत के हर एक
आयाम को देखना का
जिसे मिला है सौभाग्य भला।
ऐसा बोल
मेरे हृदय को छूती सी
अनमनी सी वो बूँद
फिर चली आकाश का
विचरण करने।

बारिश की औंधी बूँद
भीगे मन मुझसे कहे।
धन्य हो चुकी हूँ
जो जीवन ने मुझे छू लिया
जो जीवन तरंग को
मैंने यूँ उसके रंग में जी लिया।

बारिश की औंधी बूँद
भीगे मन मुझसे कहे।

नवोदित संस्कृति का यह काल

नवोदित संस्कृति का यह काल
जगत में ला रहा विकार
मच गया भूचाल
दूभर हो गया
अपनत्व का साक्षात्कार ।

कोहराम मच है सर्वज्ञ
दिग्भ्रमित हैं संसार के प्रज्ञ
उन्मत्त हैं बाह्य प्रपंच में
निर्विकार हुआ यथार्थ ।

धूमिल हुई जीवन की सोच
गुम हो चली
नवपुल्कित की भी खोज
तिमिर के साम्राज्य को
कोई नहीं है समझ पाया ।

यही संस्कृति धमनियों में
चुनौती बन नब्जों में दौड़ती।

नवोदित संस्कृति का यह काल
जगत में ला रहा विकार
मच गया भूचाल
दूभर हो गया
अपनत्व का साक्षात्कार।

सत्ता

सत्ता के खातिर क्यों भूल गया इन्सान
अपना ज़मीर अपना ईमान
हे ! मानव कितना स्वार्थी है तू।

सत्ता के लालच में तूने
लाखों का लहू बहाया
रोटी छीन दिन दुखी की
लाज नहीं आई तुझे
हे ! मानव कितना स्वार्थी है तू।

जान गए परछाई तेरी
इस राजनेता गद्दी के पीछे
तू नर नहीं एक भेड़िया है
एक भेड़िया है
हे ! मानव कितना स्वार्थी है तू।

पूरा से नूतन तक तूने
किये हैं यहीं कार्य

क्या करेगा देश का भला
जो खुद नहीं है भला
हे ! मानव कितना स्वार्थी है तू।

बताते हैं उद्देश्य सभी को
खुद उद्देश्यहीन रह जाते हैं
ऐसे नर जन नहीं, हैं वो पशु सामान
हे ! मानव कितना स्वार्थी है तू।

अनोखी आवाज़

झंकारों की झनक की
या घुंगरूँ की छनक की
ढोलक की थाप की
या
तबले की ताल की
एक आवाज़ यूँ गूंजती सी।

स्पंदित हो मेरा यह मन
आवाज़ की आवाज़ से
होता क्यों शोर ?

पूछूं मैं लहरों से -
की वो तुमसे तो नहीं ?
लहरों की कलकल
जल में रहे
तो कैसे हो वो फिर अनोखी।

पूछूं मैं चिड़ियों से
की वो तुमसे तो नहीं ?
मेरी वो चहक, गगन , इन पेड़ों के लिये
कैसे हो फिर वो अनोखी ।

पूछूं मैं पत्तों से
की वो तुमसे तो नहीं ?
मेरी वो सरसर, हवाओं के लिये
कैसे हो फिर वो अनोखी ।

पूछूं मैं धुनूं से
कहीं वो तुमसे तो नहीं ?
मेरे वो सुर, संगीत के लिये
कैसे हो फिर वो अनोखी ।

पूछूं मैं महकी फ़िज़ाओं से
कहीं वो तुमसे तो नहीं ?
मेरी यह सरसराहट , बहारों के लिये
कैसे हो फिर वो अनोखी ।

पूछूं मैं उड़ते भँवरे से
कहीं वो तुमसे तो नहीं ?
मेरी वो गुनगुनाहट
कलियों, फूलों के लिये
कैसे हो फिर वो अनोखी ।

पूंछूं मैं हर आँचल से
कहीं वो तुमसे तो नहीं ?
मेरी वो सनसनाहट
मेरी संतान के लिये
कैसे हो फिर वो अनोखी ।

पूंछूं मैं मन से
कहीं वो तुमसे तो नहीं ?
मेरी वो आवाज़ अपने लिये
कैसे हो फिर वो अनोखी ।

पूंछूं मैं ममता से
कहीं वो तुमसे तो नहीं ?
मेरी वो आवाज़
समूचे ब्रह्माण्ड के लिये ।
तृप्त हो सारा जहान
अनोखी है वो आवाज़
ममता की आवाज़,
प्यार की आवाज़ ।

सच्चे पंख !!!

गर हों रास्ते पक्के
तो मिल जाते हैं
पंख भी सच्चे !!!
गर हों इरादे बुलंद
तो कर लेता है
तू मंज़िलें अपनी
मुट्ठी में बंद ।

नहीं आसान होती है
कच्चे पंखों से उड़ान ।
नहीं होते हैं कभी भी
सफल वो
जिसके होते हैं
इरादे बईमान ।

महकता है जहाँ उन्ही से
जिनकी सोच में हो
एक उद्देश्य महान ।
सुलगती है क्रांति की

आग वहीं ..
जहाँ होता है
कोई बंधन कहीं ।

बेमोल मोती
समझ में आते तभी
जब मिल जाती
उसे ज़िन्दगी कोई नई ।

गर रास्ते हों पक्के
तो मिल जाते
हैं पंख महान ।
कर के क्रीड़ा
मिल जाते हैं वो
क्रांति की उस आग से
उन ज़िद्दी इरादों से ।
समझ कर बेमोल
पैमानों को
पा लेते हैं वो पंख
अपनी पहचान कहीं
अपनी एक शान कहीं ।

टिक टिक करती, ना थमने वाली

टिक टिक करती
ना थमने वाली
वक़्त की आवाज़ तू।

छुपक छुपक के
बीते दिनों को यूँ
उड़- मलोल करती।
टपक टपक कर
करती है चन्द
बातों की बौछार।

वक़्त की धार पर लहराती
मेरी एक कहानी।
और फिर
तेरी भी एक कहानी।
सिसक सिसक कर
यूँ खेलती है
उन यादों के क़दमों के साथ
मेरा और तेरा हमेशा से एक रिश्ता है।

जिसे वक़्त कभी
भुला नहीं सकता
ऐसा है तेरा और
मेरा ये रिश्ता
यही है दोस्ती।

चिल्ला चिल्ला कर कहो
वक़्त के उस दरिए को
की दोस्ती है
कभी ना बहने वाली लहर।
कभी ना खोने वाली सांस।

दोस्ती तो एक जज्बा है
हमेशा से
एक दूसरे से बंधे रहना का।
ना कोई बंधन है इस रिश्ते में
पर फिर भी हमेशा से बांधता है
ये दोस्ती का एहसास
मुझे तुझे ऐ मेरे दोस्त।

शब्द जाल में नहीं है बंधना मुझे

शब्द जाल में
नहीं है बंधना मुझे
यह तो मेरी रूह नहीं है।

मूक शब्दों से भी होती है
इन्सानियत की बातें कई।
नहीं समझना
उन अक्षरों को
नहीं फसना है
उस मिथ्या जाल में।

नहीं उड़ेलो अपने को
उन शब्दों के सागर में।
जिसका कोई
ना तो विभोर
और ना है कोई छोर।

देख पलट कर सब देखा
उलट पलट कर भी देखा
नहीं समझ आये
वह शब्दों के जाल।

समझ लिया गर
दिल का तार
प्यार के भाव
समझ लिया
तूने ये सारा संसार।

समझ लिया
यह संसार गर
सीख लिया गर
तूने देना प्यार
शब्द की
कोई बिसात नहीं की
लड़ पाये कोई
वो किस्से फिर हज़ार।

मूक बातों और
मूक शब्दों से
ही होती है कई सुलझ कभी।

शब्दों का जाल यूँ ना बुन
शब्द तो मिथ्या हैं
उस मिथ्या में यूँ ना पड़ ।

यूँ सींच अपनी रूह को
उन बेनाम और
मूक शब्दों के साथ
की बिन बोले ही
दे जाये साथ तेरा वो
और जाये सुलझ
ज़िन्दगी और रिश्तों की
गुत्थियां यूँ ही ।

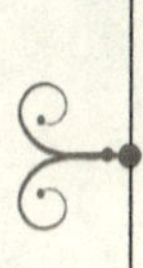
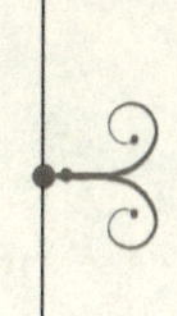

नहीं कुछ
कहना है मुझे

नहीं कुछ कहना है मुझे
बेबाक गुत्थियों से
भरी है ज़िन्दगी हमारी।

खुद कभी नहीं सुलझती
यूँ ही यह गांठे कहीं।
कोई इन गांठों को खोलता है
रास्तों को आसान करने के वास्ते।
तो कोई इन गांठों को बांधता है
कहीं से
बिखरते रिश्तों को बचाने के लिए।

मैं मनमुग्धा हमेशा
यही सोचती रही
जो किया
खुद ही तो किया।

पर नहीं मैं गलत थी
एक वृक्ष कभी खुद ही

आकाश की
अट्टालिकाओं को यूँ ही नहीं चूमता ।
मिलता है उसको
इस धरा का
तो कभी इस पवन का सहारा ।
कभी सूर्य देता है उसे रोशनी
तो कभी
नन्हे पंछी करते हैं बातें उस से
वो कहाँ अकेला बड़ा ।

मैं मनमुग्धा बस सोचती रही
अकेले ही इन्सान
दूरियां तय करता है ।
फिर जाना की
कई तूलिकाओं से सजाते हैं
हमारे अपने
हमारी ज़िन्दगी का कई सारे चित्र
भरते हैं उनमे कई रंग ।

वो सब जो मिलते हैं हमें
ज़िन्दगी के हर मोड़ पर ।

कोई देता है नफरत की आग
पर इसलिए नहीं
की वो है बुरा
वो तो जरिया है ख़ुदा का
समझाने का
प्रकृति के उस आवेश को ।
जिसमे जल जाते हैं सब
जैसे हो एक तूफ़ान कहीं ।
वो तूफ़ान जो हिला देता है
उस वृक्ष की साख को ।
गर जो वृक्ष झेल ले
मिलता है उसे जीवन नया
अपने आप को समझाने का
अपने आप को जानने का ।

मैं मनमुग्धा बस सोचती रही
की मैं हूँ इस दौड़ में अकेले ।
और हर जीत की हूँ हक़दार अकेले
पर नहीं, गलत थी मैं ।

नहीं कुछ कहना है मुझे
बेबाक गुत्थियों से
भरी वो बातें कई ।

मेरी ज़िन्दगी का नूर तू

मेरी ज़िन्दगी का नूर तू।
मेरी आँखें में बसा एक सपना तू।
ए मेरे मौला।
तुझसे है इस दिल की धड़कन।
और तुझसे ही है इस दिल का नाता।

मेरी नब्ज़ में दौड़ता है
तू बन कर ज़िन्दगी का आशीर्वाद।
टूट भी जाये गर हम
तू खुद बिखर कर जोड़ लेता है मुझे।
ऐ मेरे मौला
गर तू नहीं तो मैं कुछ भी नहीं।
मेरा हौसला है तू
और मेरी हिम्मत भी तू।
साईं तुझमे है ये सारी सृष्टि
और ये दृष्टी भी।

एक कठपुतली बन चलूँ में इस सफर में।
मेरी हर दिन की एक डोर है तू।
ऐ मेरे मौला
इस जग में तू ही तू।

- ओम श्री साईं राम

भुला दे तू पिछली बातें

भुला दे तू पिछली बातें
उसमे रब नहीं रहता है।
हाथ प्यार का थाम के चल
उसमे ही तो खुदा बसता है।

देना है तो प्यार तू दे
नफरत का सैलाब तो
हर कोई दे
प्यार खुदा का तोहफा है
जो बस दिल में ही बसता है।

नफरत की दीवार तोड़ दे
फिर हर एक रिश्ता
तेरा अपना है।
इस दुनिया में बस एक ही
नाम सच्चा है –
खुदा और वो प्यार
जो उसने हम सब में सींचा है।
भूल जाओ तुम हर एक एहम को

फिर हर कोई तेरा अपना है ।
हाथ बड़ा कर माफ़ी का
तू चल तो सही –
एक साँचा कदम
फिर सारे फैसले तेरे हैं ।
फिर सारे तेरे अपने हैं ।

श्यामील सी तेरी वो

श्यामील सी तेरी वो
भोली सी मुस्कान की बूँद।

झूम-झूम घूम-घूम
फिर अंगड़ाई लेते वो
तेरे आँखें के बोल
कहे मुझसे
मैं और तू अलग अलग।

बादलों में दौड़ती तेरे और मेरे
एक प्यार की कस्ती।
चल कहीं से एक डोर लाएं
बाँध दे उसे
आज इस जमीन पर।
ताकि बुन सकें
हम सपने कई
और खेवा सकें
कई कश्तियाँ कई।

इस जमीन पर रहकर
क्यों है यह भेदभाव
हम दोनों में ।
जब हम हैं हमेशा से
एक जैसे ही
तुझमे भी वही रूह
और मुझमे भी वही
तुझमे भी वही सांसें
और मुझमें भी ।

फिर क्यों खड़ा कर दिया
मैंने और तूने
यह अंतर नया
चल लाये कहीं से
एक प्यार की डोर
और बाँध ले अपने दिलों को
दिल के सच्चे बन्धनों से ।

विचारों की महक

जमाने के इस भंवर में
हो चुकी है कहीं क्षुब्ध
विचारों की महक।

कभी यहाँ, कभीं वहाँ
थिरकती है, पैरों में बाँध।
घुंगरू की झंकार
विचारों की महक।
पग पग बेईमान हो चले
अपनों का सम्मान खो चले।
हो चुकी है क्षुब्ध कहीं
अपमान की वादियों में
विचारों की महक।

ना जाने कहाँ हो चुकी
धूमिल, ऐसे शब्दों की महक।
विचारों की महक
हो चुकी है कहीं क्षुब्ध
विचारों की महक।

हो चुकी है कहीं क्षुब्ध
विचारों की महक ।
मृग मृश्चिका सी भटकती सी
तेरी और मेरी पहचान
विचारों की चहल पहल में गुम सी
क्षुब्ध हो चली कहीं
विचारों की महक
आज की जरूरत कहीं ।

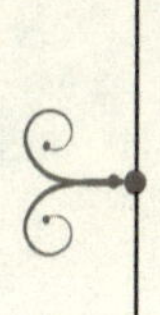 

मानवता

मानवता का मंदिर खोज रही हूँ
कहीं तो मिलेगा आसरा एक सहारा
बेकदर हुए नैतिक मूल्यों को
एक छत सत्य अहिंषा को ।

वासना , भोग ने धक्के दिए
इन नैतिक मूल्यों को
आखिर कब तक चलेगा ऐसा
ढूंढ़ना ही पड़ेगा एक मंदिर ।

ये मंदिर होगा ना
हिन्दू का, ना मुस्लिम का
ना सिख और ना ही ईसाई का
यह हो सर्व धर्म समन्वय ।

कष्ट सहिष्णुता को मिलेगा
सहारा जब, तभी होगा
समाज का कल्याण
सकल भू का कल्याण ।

खोजना पड़ेगा हमें एक
ऐसा दिव्या मंदिर
पुजारी जिसका ना होगा
ब्राह्मण, ना मुल्ला, ना पादरी
होगा सत्य, अहिंसा निष्ठा का।

नाम ना उस मंदिर के
अनेक होंगे
नाम होगा उसका
"मानवता सिर्फ मानवता"।

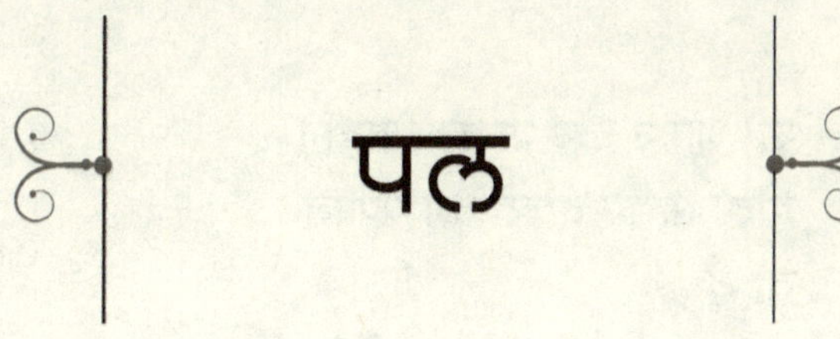

पल

ज़िन्दगी के हर पल
अपने हो सकते नहीं
बीते वक़्त के सहारे
हम रह गुजर कर सकते नहीं।
ज़िन्दगी का वो एहसास
जो शायद गुम है
अपने ही आगाज़ में
मिल सकता नहीं।

अगर वक़्त का हर आगाज़
हो सकता अपना
तो यूँ इन्सान
दास्तान बयान करता नहीं
यूँ बेबस हो
वक़्त का इन्तज़ार करता नहीं।

वक़्त जो हर जुबान पर ठहरता नहीं
बीते शामियाने पर

रह गुजर कर सकता नहीं।
होता अगर वक़्त का पैगाम
तो यूँ
इन्सान राह तकता नहीं।
शायद वक़्त है वो जूनून है
जो हर इन्सान बयां कर सकता नहीं।

काश की ठहर पाता वो वक़्त
जो ज़माने के
बहने में जाता नहीं।
काश की हो पाता वक़्त का जहाँ
तो यूँ इन्सान जहाँ ढूंढ़ता नहीं।
और
अपना सा आशियाना खोजता नहीं।
वक़्त की धूम पर मचलता नहीं
और
खामोश आगाज़ को सुनता नहीं।

ज़िन्दगी की अनगिनत
राहों पर चलना हो
तो वक़्त की हर बूँद ढ़ोलो।
वक़्त जो शायद
किसी का होता नहीं
अगर होता तो
इन्सान यूँ मायूस होता नहीं
मुस्कराहटों पर चोटिल होता नहीं।

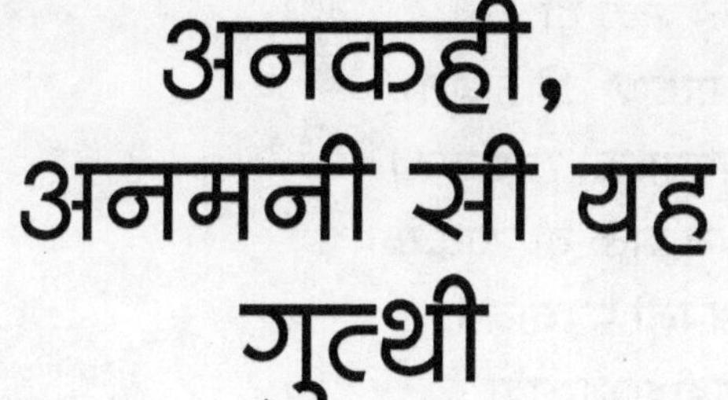

अनकही, अनमनी सी यह गुत्थी

अनकही, अनमनी सी यह गुत्थी
दिल के किसी असीम कौने में।
सहमाई सी, शरमाई सी
अपनी ही आशा का आँचल ओढ़े ।
अपने ही बिन्दु पर परिक्रमा करती
कुछ ओझल सी तो कुछ बोझिल सी ।

लालटेन की टिमटिम बत्ती सी
तो कभी सूरज की रोशनी सी ।
ढूंढ़ती रहती वो अपनी पहचान
जो उसका बने अभिमान ।
और स्वंयर कर ले चले
उसे एक नये जहान ।
जहाँ पर हो
उसका अपना एक विहान
एक उन्मुक्त गगन
जो दे उसे शकट महान ।

उड़ सके वो
आकाश की अनंत
सीमा को लांघकर।
बन सके वो खुद की
अपनी पहचान।
यही अभिलाषा है
उस उन्मुक्त भाव की
जो है शरमाई, सकुचाई
और थोड़ी घबराई।

डर है उसे सागर में
मिलकर खो जाने का।
भयभीत हो चली है वो
गगन के तूफ़ान से।
सहम उठती है वो
अविश्वास की धारा से।
यह अनकही, अनसुलझी गुत्थी
सुलझाऊँ कैसे।

किनारे की धार समझ ना आये
मांझी की बागडोर रास ना आये।
उन्मुक्त हो उड़ जाना चाहती है वो
अपने असीम और अनंत से बढ़कर।

वक़्त की हर साज से उठकर
सिर्फ और सिर्फ
देखना चाहती है वो, वह विहान
जो है उसका लक्ष्य और अभिमान।

वो शांत हवा सी

वो शांत हवा सी
क्यों हो गई ज़िंदगानी तेरी
क्यों हो चली है नम
वो कस्ती कहीं।

कागज़ के टुकड़े से थी
एक लकड़ी तेरे मेरे दरम्यान।
वो बूँद सी सिमटी हुई
क्यों हो गई तेरी ज़िंदगानी कहीं।

रेत सा मंजर क्यों है सजा
वो हवा थी
क्यों इतनी शांत आज।
क्यों उड़ा ले गई
सब कुछ किसी का।

वो शांत हवा बोली मुझ से -
सुन मनमुग्धा -
प्रकति का नियम है ।
जो मैंने माना

बस तू एक नादान परेशान
क्यों भूल गई की
अँधेरे के बाद
आता है सवेरा नया।

बंद आँखें कर महसूस तो कर
बोल कर वो भोली हवा मुस्काई।
फिर चंचल सी छाप बिखेर
जाने किस ओर चली कहीं
दे कर नए आयाम
छू कर कहीं दिल का एक कोना।

मंद मंद मुस्कान सी
देती एक स्पंदन सा
सिखा गई बहुत कुछ
की ज़िन्दगी है एक हवा सी।
खुशियों में उस के संग झूमो
और गम में उस से लड़कर
शुरू करो एक अध्याय नया।

शब्दों को ढूंढ रही

शब्दों को ढूंढ रही हूँ।
ताकि अल्फ़ाज़ों के
शामियाने में सजा सकूँ।

अनकही गुत्थी की
मशाल को ले चली हूँ।
शब्दों के युद्धों में
उन्ही को ढूढ़ने चली हूँ।
ताकि ज़िन्दगी के शामियाने में
उनको सजा सकूँ।

पाकीज़ा से ये कदम
शब्दों को ढूंढने की होड़ में
जंग में लड़ते से उन शब्दों से
पूछ बैठी
क्यों है लड़ाई इतनी आपस में
क्यों है गुस्सा इतना अपनों में
निकले हो तुम एक ही तरंगों से
निकले हो तुम
एक ही वाक्य के भाव से

फिर भी इतना भेद क्यों ?
शब्द बोले -
ए नादान "मनमुग्धा"
नहीं पता तुझे
हम भले ही निकले हों
एक कमान से
पर भाव में अंतर
जो दिया तुझ जैसे इन्सान ने ।

नहीं चाहते थे हम
यह भेदभाव आपस में
पर तू ही नहीं ढो पाया हमें
सच्चे भाव से ।

बात ख़राब कर के
ढून्ढ रहा है मुझे तू नादान
"मनमुग्धा" सुन
क्यों ढून्ढ रही है मुझे तू
अपने ही फैलाए सैलाब में ।

मैं हूँ निश्छल शब्द
बहता हूँ एक
निर्मल नदी की तरह ।
पर तू हमेशा
मोड़ देती है मेरी धार को ।

अपने कर्कश और
अभिमान से भरे धार से।
मोड़ देती है मुझे
अपने स्वार्थ से।

मैं कहाँ गुम हूँ
ढूंढ ना मुझे यूँ इधर उधर
बिफर बिफर कर।
सजा ले मुझे
अपने शामियाने में
प्यार से, एक सच्चे भाव से।

अक्स

इस घनेरे से वीराने में
ढूंढने चली हूँ मैं अपना अक्स
अपने ही अंतर्द्वंद से लड़ती
ढूढ़ने चली हूँ
मैं अपना वो अक्स ।

अपनी पहचान , अपना निशान
इस उम्मीद से
कहीं तो मिल जाये
इस अजनबी को एक पहचान नयी ।
कुछ तो आभास हो
कुछ तो एहसास हो
पर ना जाने
कहाँ पर है
अंकित मेरा वो अक्स ।

घूमती सी , थिरकती सी
ढूंढूं सृष्टि की हर एक परिधि में ।
विचरण करती सी
समस्त व्यूह की पहेलियों सी
ढूंढ़ती हूँ मैं अपना अक्स ।

पर मिले नहीं मिलता
मुझे अपना अक्स।
अक्स जो
देता है पहचान मुझे।
खुद की अपनी पहचान।
देता है मन का एहसास
देता है अनंत आकाश सा सुकून।

अंजानी लहरों पर चलकर
विचारों की तालों पर थपककर
चोट की मुस्कराहट को देखकर
ढूंढ़ती हूँ अपना अक्स।

पर कहीं मैं गलत तो नहीं
अक्स ! क्या वस्तु ?
असमंजस का जाल
हटाये नहीं हटता।
यदि अक्स वस्तु नहीं -
तो क्या है?

मेरी तरह क्यों ढूँढ़ते हैं लोग
अपना ये अक्स
क्यों खुद को साबित करने की
चाह अख्तियार करते हैं।
क्यों गढ़ते हैं
बेवजह दम्भ की परिभाषा।

शायद अक्स वस्तु नहीं
वस्तु होती तो-
शायद होता
देखने का एहसास
सुनने का और छूने का एहसास।

अगर फिर भी अक्स वस्तु नहीं तो
तो क्या है?
शायद अक्स है -
एक एहसास
जज़्बातों का, सम्मान का
निर्वाण और नवीन
भावनाओं का।

आसमान ना जाने आज

आसमान ना जाने
आज कुछ कह रहा है।
कुछ अनमना सा
तो कुछ खोया खोया सा।
फितरत उसकी
कुछ बदली-बदली सी है।
ना जाने
आज फिर कहीं कुछ उसने खोया है।

ढून्ढ रही थी उसी एहसास को।
जो आसमान आज कह ना पाया।
पर अब लगता है की
उसके अन्दाजें गुल में
कहीं खो ना जाऊं मैं।
आज उसकी फितरत
कुछ बदली बदली सी है।

कभी सूरज की अनगिनत
किरणों के समक्ष सा
तो कभी बारिश की

बूंदों से खेलता है।
पर ना जाने आज
वो कुछ खोया खोया सा है
लगता है आज फिर
कहीं कुछ उसने खोया है ।

चाहती तो थी की
वरन कर लूँ उसकी
इस कश्मकश को
पर फिर डर लगता है
की कहीं उलझ न जाऊं
उसकी इन बदलती फ़ितरतों में
न जाने क्यों
आज उसकी फितरत
कुछ बदली बदली सी है।

ढून्ढ भी लूँ तो
क्या समेट पाएगा वो अपने को।
कोशिश यही रहेगी की
ढून्ढ ले वो अपने अस्तित्व को।

कुछ खोया नहीं है उसने
वो है असीम आस्मां ।
जिसमे है यह अमिट संसार समाया।
सोचना है उसको यह आज
फितरत न बदल ए मेरे दोस्त
कुछ नहीं खोया है तूने।

ज़िन्दगी भी कैसी अजीब है

ज़िन्दगी भी कैसी अजीब है
कभी हंसना चाहो तो ।
हंसने नहीं देती
और कभी रोना चाहो तो
जी भर कर रोने भी नहीं देती ।

ज़िन्दगी पर लिखें हैं
कई सारे फलसफे ।
जो ज़िन्दगी के पास
जितना करीब जाना चाहे
ज़िन्दगी उसे
कोसों मील दूर भगाये ।

यह ज़िन्दगी भी बस
एक पत्थर सी है ।
कभी तो बार बार हंस कर भी
नहीं पिघलती ।
और कभी थोड़े रोने से ही
यूँ मोम की तरह
हाथों से फिसल जाती है ।

नहीं समझने हैं
किसी को भी कोई
ज़िन्दगी के फलसफे ।
क्यूंकि हर किसी की ज़िन्दगी
लिखती है उसकी कहानी
उसके अपने अंदाज़ में ।

मैं मनमुग्धा उसकी क्या बिसात
की वो
ज़िन्दगी को कोई आयना दिखाये ।

कभी खुद को आयना दिखाये
तो कभी खुद को
आईने से दूर करूँ ।

कैसी है यह ज़िन्दगी
कभी उलझी तो कभी सुलझी ।
कभी एक पहेली
तो कभी एक टहलती एक मुस्कान ।

ज़िन्दगी के वैसे तो कई हैं नाम ।
पर मैं "मनमुग्धा"
जान पाई हूँ सिर्फ दो ही नाम ।
दर्द में
अपनों का प्यार और दुआएं
और
खुशियों में खुद की एक मुस्कान ।

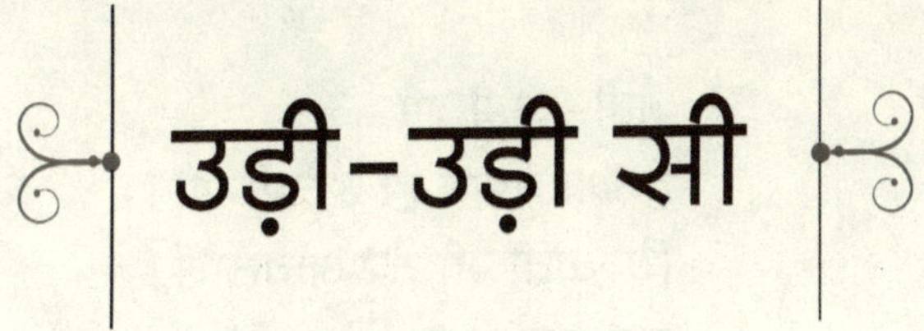

उड़ी-उड़ी सी

उड़ी-उड़ी सी
मुड़ी-मुड़ी सी
कहीं है तू
मुझ में छुपी सी।

मेरी आहट बन तू
मेरा पीछा करे
देती है कभी लाड़ तू मुझे
तो कभी सम्मान अपार।

बेटी तू है हमेशा से
मेरी रूह और मेरी परछाई।
मुझ में खोयी सी
तो कभी मेरे वात्सल्य में
गोते लगाती सी।

जुड़ी- जुड़ी सी
हमेशा मुझमें ही उलझी सी।
थिरकती सी मेरे आँचल में
बन कर भगवान् का आशीर्वाद यूँ
बेटी है एक बंधन
अपने रूह से जुड़ने का
अपनी पहचान जानने का।

आँख मिचौली करती सी
घर के आँगन में
खेलती सी
कभी प्यारी सी हंसी
तो कभी उदासी घनी
पर महकता है
घर संसार मेरा
बेटी तेरे ही आने से।

मुझे सिर्फ उतना ही बांधो

मुझे सिर्फ
उतना ही बांधो
जितना की में हिल ना सकूँ ।

गर कोशिश करी
मेरे पंखों को तोड़ने की
तो मैं हूँ वो सैलाब
जो कभी बिगड़ जाये
तो
उफनता है एक नई ख़ामोशी के साथ ।

मैं हूँ वो वक़्त
जो किसी का कभी हो ना सका
फितरत है जिसकी
सिर्फ चलना और जो है बहुत ख़ुदगर्ज़ ।

बन्दिशों में रहना मैंने सीखा नहीं
बांधने की कोशिश में
भूल ना जाना की
मैं ज़माने की पाश में आता नहीं ।

मै हूँ उन्मुक्त गगन सा
अपनी राह खुद ही चलूँ
और जो चले मेरे संग
उसको में सही राह दिखाऊं।

मैं हूँ वक़्त
कभी ना रुकने वाला
कभी ना थकने वाला
कभी ना खोने वाला।

मैं तो बस उन्मुक्त
मस्तमौला सा घूमूँ
और ढूंढूं अपने
सच्चे साथियों को
जो उड़ सके मेरे संग
इस असीम आकाश में
मेरे भी परे।

मैं हूँ वक़्त बांधों ना मुझे
और बांधों सिर्फ उतना की
मैं हिल ना सकूँ।

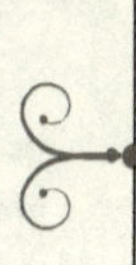

हरकतें मासूम अरमानों की

हरकतें उन मासूम सपनों की
ज़िद्दी से अनमने से खेलते से
सिमटते ख्वाब में दिखते से
मेरे कोई ख्वाब कहीं।

गिर कर
फिर उठ कर
नये पन्नों पर
कई लकीरें खींच
फिर कहीं स्याही उड़ेलता कोई
उन सपनों के पंख पर
आकर नयी
उड़ान भरता कोई।

जीने को बेताब
दिल के वह
मासूम उम्मीद कहीं
निकल कर बाहर
तपिश को सहन कर
फिर अंगारों में जलकर
अपनी नयी पहचान बनाते
हरकतें यूँ मासूम सी
उन बेचैन नन्हे अरमानों की।

परवरिश की चाह में
इधर उधर भटकते से
अपने आप में लड़ते से
अपनी पहचान बनाते से
हरकतें यूँ मासूम सी
उन बेचैन नन्हे अरमानों की।

दरिया में बह जाना ही

दरिया में बह जाना ही
जीवन का अर्थ नहीं।
तूफ़ान की आती हर साज में
खो जाना, जीवन तो नहीं।

मुश्किल घड़ियों में सो जाना
जीवन का अभिमान तो नहीं।
फिर क्यों?
ओढ़े हुए हो "धुंध" की चादर
जागो देखो –
बाहर आते उस दरिया को
देता है वो किनारा तुम्हे
सिखा देता है अपना अस्तित्व।

महसूस करो उस तूफ़ान को
मचा देता जो कोहराम
देखो उसके अस्तित्व को
पहचाना जाता जो उसके स्वाभाव से।

देखो उस उफनते समुद्र के सैलाब को
दिखे जो नित शांत
पर समेटे हुए बेमोल किस्से हज़ार
पहचाना जाता है जो
अपने उद्विग्न स्वभाव से।

देखो धरा में अंगड़ाई लेते वो वृक्ष
देते हैं जो कभी ठंडी छाँव
तो भरते कहीं जीवन में जान
पहचाने जाते वो अपने मूक भाव से।

देखो उन शाखाओं को
बलखाती जुड़ी जुडी सी अपने आप में
लहराती हवाओं के साथ
झूमती पक्षियों के साथ नृत्य करती सी
पहचानी जाती अपने चंचल स्वभाव से।

देखो आकाश में विचरण करते वो पंछी हज़ार
भिन्न भिन्न से दिखने वाले
पर उड़ान भरते से हर कोई
पहचाने जाते अपने नित प्रयास से।

तुम भी "ढो लो" उस अस्तित्व को
जो तुम्हे दे खुद की अपनी पहचान।
जीवन की अभिन्न पहचान
और तुम्हे दे नये आयाम।

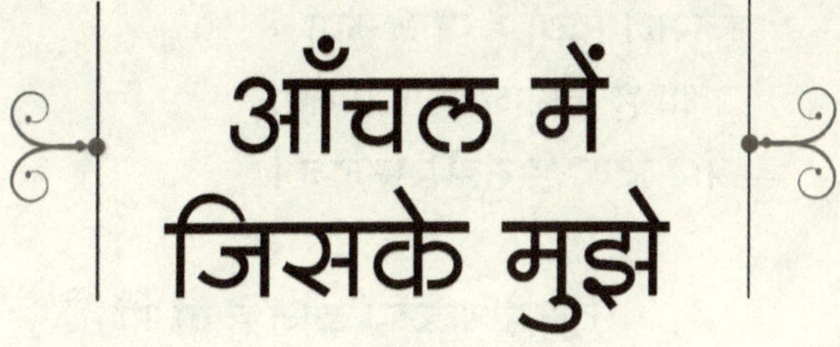

आँचल में जिसके मुझे

आँचल में जिसके मुझे
मिला प्यार और दुलार
मिली है फूलों की मुस्कान
और सूरज की रोशनी ।

जिसने दी है
ज़िन्दगी की नई शान ।
दिया है मुझको जीवन का ज्ञान
मिला है मुझे जिससे आत्मस्वाभिमान ।

जिसने पी है
मेरे जीवन की कड़वाहट
बरसाया है अमृत का सार ।
जिसने दी है मुझे दरख़्त की छाँव
जीवन को छूने की अभिलाषा ।

जिसने दिया है साथ मेरा
बाँधा है जिसने भरोसा मेरा
और दिया है मुझे सम्मान।

तुमसे बढ़कर कौन है वो माँ
दूर होकर जाना है माँ को
जो देती दोस्तों का प्यार
तो कभी गुरु का ज्ञान।

हर गम से अंजान सी
प्यार के साये सी
मुस्काती सी यूँ
दुआओं की पुड़िया सी
माँ में मिलता
जीवन का अपार प्यार है।

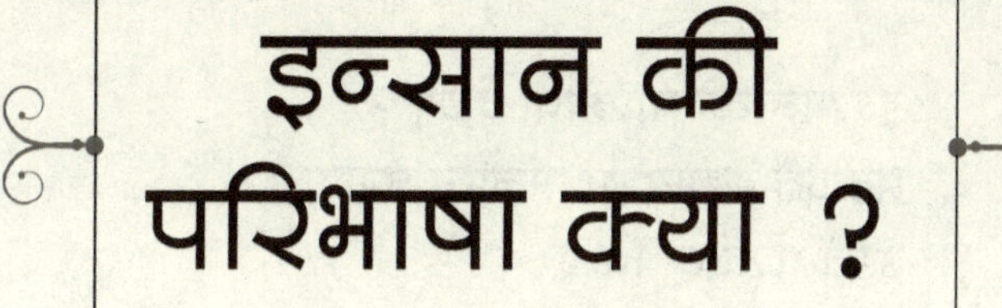

इन्सान की परिभाषा क्या ?

इन्सान की परिभाषा क्या ?
क्या मूक शब्दों की भाषा
या फिर
इन्सानी जज़्बातों की जिज्ञासा।

अमूक शब्दों के निशान
या फिर
घटती खुशियों के खज़ान।

इन्सान की परिभाषा क्या ?
अमिट शब्दों की व्याख्या
या फिर
बेजान भावनाओं का ओज।

अनंत जिज्ञासा या फिर
कुछ पाने की अभिलाषा।
आकाश को छूने की आकांशा
या फिर
अनंत गहराइयों को पाने की अभिलाषा।

इन्सान की परिभाषा क्या ?
भटकते ख्वाब या संजोया घरोंदा
उड़ते पंख या फिर
सिमटा सा विश्वास ।

खुले आस्मां में सोता एक सपना
या फिर
दम्भ से भरी एक कल्पना ।

इन्सान की परिभाषा क्या ?
एक महान सोच
या फिर
खुद में सिमटा सा
एक उद्देश्य कहीं ।

एक प्रज्जवलित द्वीप
या फिर
अंधकार में सोता सा कोई स्वप्न ।

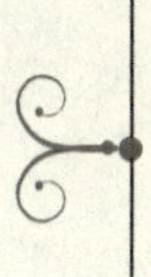 

उंगलियों को यूँ पकड़ के चले

उंगलियों को यूँ पकड़ के
चले थे साथ हम ।

धीरे -धीरे ,हौले -हौले,मद्धम -मद्धम
फिर एक हुआ आसमान से
दो दिलों का एक रिश्ता कहीं ।

वह बंद लिफाफे में
फिर खुली दो दिलों की लकीरें
दो दिलों की तक़दीरें ।

हुए दो जहाँ मुक्क़मल
फिर हम साया बन साथ चले वो
कहीं दूर ।

आसमानी रंग ऐसे भरे कुदरत ने
जैसे लगता है की कहीं दूर
दो दिल आज फिर मिलें हैं
उस कुदरत के इशारे से ।

जाफरानी सुर कहीं फिर लगे ऐसे
जैसे छेड़ी हो तान किसी धुन ने कहीं
दो स्वर कहीं फिर मिले ऐसे
कुदरत के इशारे से मानो।

दो सरिताओं का स्वर लगा है जैसे
कहीं उस सागर की ओर
गंतव्य तक पहुँचने की आस में
मीलों तक गोते लगाता कहीं।

धूप छाँव सी खेलती सी एक शाम
कहीं मिल रही उस रात से
फिर सुना रहे हैं प्रकृति के उस रास को
मानो इशारा कर रहें हो उस कुदरत को

कहीं जल रहें है वो दीप और बाती आज
प्रज्जवलित करने समस्त संसार को
मिल रहें हैं वो आज कहीं दूर से
उस कुदरत के इशारे से कहीं।

दो तक़दीर मिल रहें हैं आज
मानों उस कुदरत के इशारे से।

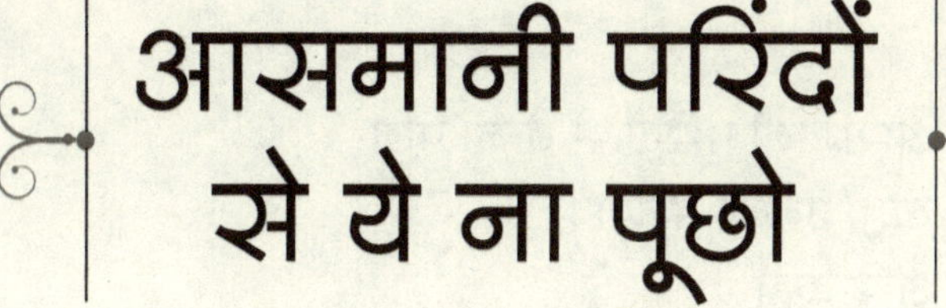

आसमानी परिंदों से ये ना पूछो

आसमानी परिंदों से ये ना पूछो
कहाँ उनका बसेरा है।
और कहाँ
उनका ठिकाना है।

उड़ना तो उनकी फितरत है
और
उनका जूनून भी।

पंख गर छिन भी गए
तो क्या
उड़ने की फितरत ना बदले।

कुछ इस तरह
तू भी कर फितरत अपनी
की
ज़िन्दगी तुझसे
कभी कोई सवाल ना करे।

आसमानी परिंदों से ये ना पूछो
कहाँ उनका बसेरा है
और कहाँ
उनका ठिकाना है।

उड़ती सेंध पर भी रेंगते हैं वो
गर जब आहत हुए हों
उनके हौसले।
पर नहीं बदलते उनके रास्ते
जिनके पंख हो सच्चे।

आसमानी परिंदों से ये ना पूछो
कहाँ उनका बसेरा है।
और कहाँ
उनका ठिकाना है।

ढून्ढ लेते हैं वो अपने पंख यूँ ही
ढूंढ लेते अपने विश्वास में
सच्चे पंख कई।

नहीं बदलती उनकी मंज़िलें
और ना ही हौसले
हौसलों से भरते है वो
अपनी उड़ानें सच्ची
कर के उन कच्ची उड़ानों को पक्की।

आसमानी परिंदों से ये ना पूछो
कहाँ उनका बसेरा है।
और कहाँ
उनका ठिकाना है।

धीरे -धीरे
ए मांझी तू

धीरे-धीरे ए मांझी
तू आज नौका पार लगा ।
पास तेरे है मंज़िल तेरी
वक़्त थोड़ा सा तुम
यूँ गुजर जाने दे ।

ऐसी तू आज सेंध लगा
ए मांझी धीरे-धीरे
तू आज नौका पार लगा ।

बदलती लहरों पर
चलकर कर तू आज दिखा ।
मोड़ अपनी नैया को
तू आज नयी राह दिखा
ए मांझी धीरे-धीरे-
तू आज नौका पार लगा ।

इत्मीनान तू रख जरा
मंज़िल समीप है।
भंवरों सा तू आज गुनगुना
नौका की सैया को
तू आज धीरे धीरे सजा।

ऐसी तू आज सेंध लगा
ए मांझी धीरे-धीरे
तू आज नौका पार लगा।

भागमभाग करते करते
थक सी गई है
तेरी खिवैया कहीं
धीरे धीरे तू आज नौका बड़ा।

उस समीर से लड़ना छोड़
और प्यार से नैया की
तू आज सेंध लगा।
ए मांझी धीरे-धीरे
तू आज नौका पार लगा।

कागज़ के अर्क से

कागज़ के अर्क से
बनाई थी एक कस्ती हमने
यूँ बादलों से चुरा कर ओस
बनाया था उम्मीदों का घरोंदा हमने ।

चट्टानों से चुरा कर उसका फौलाद
बनाई थी उस घर की नींव हमने
बेरंग मौसम से लड़कर
दीवारें सजाई थी हमने ।

कागज़ के अर्क से
बनाई थी एक कस्ती हमने ।

फिर क्यों टूटा आज वो
मक़ाम मेरा
जिसे इतनी शिद्दत से
सजोया था मैंने ।

धरी थी बुनियाद
प्यार और विश्वास की कसौटी पर।
चुराया था फूलों का आगाज़
सोच कर की
महक जायेगा मेरा जहान नया
फिर क्यों बिखर गया ?
वो शामियाना मेरा
जिसे जोड़ा था
रिश्तों की खुशबू से।

कागज़ के अर्क से
बनाई थी एक कस्ती हमने।

माँ मुझे अपने से

माँ मुझे अपने से
यूँ खुद को दूर न कर
तेरे आँचल में
सोना चाहती थी मैं
तेरे घर आँगन को
महकाना चाहती थी मैं।
मुझे अपने से यूँ
खुद को दूर न कर।

मैं आऊँगी तो
पापा की गुड़िया बन जाउंगी।
तेरी हमसहेली बन
तेरी राजदार बन जाउंगी।
मुझे अपने से यूँ
खुद को दूर न कर।

बनकर तेरा दूजा हाथ
काम बटाना चाहती थी तेरे
तेरे घर आँगन के मंदिर में
गूंजना चाहती थी मैं
मुझे अपने से यूँ
खुद को दूर न कर।

छम छम पायल से
चहक जाना चाहती थी माँ।
तेरे श्रृंगार की लड़ी को
पिरोना चाहती थी माँ।
मुझे अपने से यूँ
खुद को दूर न कर।

मीलों चले यह फासले

मीलों चले ये फासले
और चले कई मीलों तक
यह हम उम्मीदें ।

पांव पसारे फिसलती
रेत की चादर ओढ़े ।
यूँ चले कदम आज
पर फिर भी
यह बढ़ते फैसले बन गए
मिटटी की लकीरें जैसे ।
दूर कहीं उन किरणों से
मोहब्बत है जैसे इन्हे ।

लगता है जैसे
इन क़दमों की आहट से
नाता कई जन्मों का ।
फिर जुड़कर मेरे यह हौसला
निकल पड़े
मीलों यह फैसले तय करने आज ।

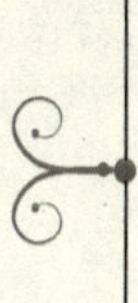

मेरी
परछाई बन

मेरी परछाई बन
जो है मुझे
हर वक़्त ढूंढता ।
तेरे मासूम अदाओं में
छुपा बैठा है
मेरा वो अक्ष ।

उस धुंध की डोर में
सजाए हुए मेरे
कल के सपने तू ।
रोज़ लड़ता हूँ मैं
अपने अक्ष और
अपनी परछाई से यूँ की
किसी दिन तो होगा
सवेरा नया
जब तू देगा खुद को
पहचान मेरी ।

जंग होगी खत्म तभी
जब तू लेगा आगाज़ मेरा
और इस तरह
खुद से लड़ने की
खत्म होगी एक जंग।

यही है ज़िन्दगी
हम लड़ते रहते हैं खुद से
बजाय के समझने की
उलझनों की वजह
है कुछ और।
पर हम लड़ते हैं
खुद से इसी ढम्ब से की
परछाई का भी है कोई
अलग अस्तित्व।

छुकछुक करती ट्रैन की वो मस्ती

छुकछुक करती
ट्रैन की वो मस्ती
बेबाक पन से कही
वो अनगिनत बातें।
कागज़ की नाव पर सवार करती
वो टेढ़ी मेड़ी हंसी की लकीरें।

आज सब याद आता है
वो बचपन।
वो हसीं पल और
वो नन्हे साथी।

भले ही आज सब हैं दूर
पर दिल से जुड़े तार।
कहीं ना कहीं थामे हैं
यूँ फिर तुझे और मुझे।

दोस्ती बादलों पर
उड़ने वाली एक खुली किताब।
तो कहीं
बूंद की तरह समेटे असीम प्यार।

दोस्त एक हसीं ख्वाब है
कभी गम की दवा
तो कभी
खुशियों की दुआ है।

कुदरत का एक
नायाब तोहफा है दोस्ती।
तो कभी
खुदा की नमाज़ है दोस्ती।

दोस्त तेरी हर एक बात
दिल का एक सलाम है।
कलमें तो
बहुत लिखी जातीं हैं दोस्ती पर।
पर दोस्त तू उन सबसे बढ़कर है।

सस्ता नहीं है कुछ भी यहाँ

सस्ता नहीं है
कुछ भी यहाँ
हर चीज़ है
बेनाम मोल की
मिलता है अब तो
प्यार भी यहाँ किस्तों में
अपनों से।

सस्ता नहीं है
कुछ भी यहाँ
पर –
मौला ए मौला
कैसी हैं यह
बेनाम दास्तां।
ताबीज़ में तेरी
बंद कर के
ओढ़ लिए वो
अब तो सपने कई हज़ार।

सस्ता नहीं है
कुछ भी यहाँ
पर -
गम को भुला तू
ओढ़ ले उन लम्हों का समां ।
अक्षरों से धूमिल ख्वाइश
बेनाम सितारे
बेनाम इरादे और
बेनाम ये वादे ।

सस्ता नहीं है
कुछ भी यहाँ ।
पर -
किश्तों की खोज सी
ज़िन्दगी की यह नांव चली
हर पड़ाव पर सस्ती सी
सीख मिली ज़िन्दगी की अब तो ।

सस्ता नहीं है
कुछ भी यहाँ
पर -
सस्ती सी दौड़ हो चली
सस्ती सी साँसे हो चली कहीं
सस्ता हो चुका विश्वास भी यहीं।

सस्ता नहीं है
कुछ भी यहाँ
पर -
सड़क पर खेलता बचपन
हो चुका है अब सस्ता यूँ ही
चहकती चिड़ियों की गूँज
हो चली सस्ती यूँ ही कहीं।

जहाँ तू जाये

जहाँ तू जाये
ख़ुशी की फुहार लाए
बेरंग बादलों में भी
एक ख़ूबसूरत त्यौहार लाए।

उड़नखटोले सी तेरी मुस्कान
मंद मंद देती है
एक मीठा सा एहसास।
तेरी दोस्ती पर नाज़ है हमें यूँ
की ख़ुद ने सौंपा
एक नायाब तोहफा कहीं।

सब को पास लेकर
ना जाने कहाँ गई
वो फिरक्ति हंसी।
वो हंसी जो थी
मेरी भी मुस्कान
और तेरी पहचान।

कहाँ गई तेरी वो मुस्कान
वो ठिठौली करती तेरी
हंसी की बौछारें
वो मस्त मस्त सी अंगड़ाई लेते
तेरे वो बेबाक किस्से।

दोस्त जहाँ तू जाये
वही से ज़िन्दगी सांस लेती सी
वहीं से हंसी एक नयी उर्दू पढ़ती सी
वहीं से तेरी मुस्कान मुझे पढ़ती सी।

जहाँ तू जाये
ख़ुशी की फुहार लाए
बेरंग बादलों में भी
एक ख़ूबसूरत त्यौहार लाए।

# ना बाटों मेरे वतन को 

टुकड़े टुकड़े हो चले हैं
मेरे इस प्यारे वतन के
क्यों समझ नहीं पाता कोई
मैं भी वही और तू भी वही
क्यों छेद दिया मेरे वतन को ।

क्यों बाँट दिया मेरे वतन को
मिटटी के कई नामों से
कहते हैं शाषन है आसान
पर भूल जाते हैं
इंसानों का भी वहीं
हो जाता है बटवारा ।

छिन्न-छिन्न कर के देख लिया
भिन्न-भिन्न सा मुझको भी बना दिया
क्यों कर दिया बंटवारा
मेरी मिटटी का मेरे मुल्क का
टूट गए हैं हम सब
यूँ बिखर बिखर कर ।

अब नहीं है जान बाकी
इन अधरों की प्यास है
बस वतन की सुख शांति ।
अब नहीं सही जाती
भारत माता की- यह पीड़ा ।

मत बाटों यूँ मेरे वतन को
मत खोलों यूँ वो घाव पुराने ।
मिल कर सहला दो
तुम मेरी भारत माँ को ।

अलग अलग टुकड़े होने पर भी
आओ मिल कर फिर से
हो जाएं एक ही ज़मीन
- एक ही लकीर
बन जाएं बस संतान उसी की
जो है मेरी भारत माँ ।
 - जय हिन्द [भारत माता की जय]

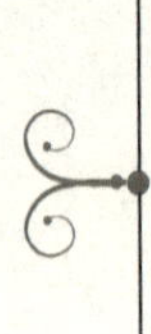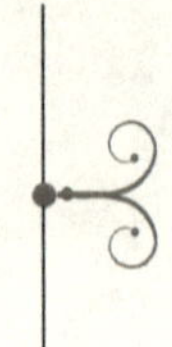

सुरमई धुन में आज

सुरमई धुन में आज
कोई नये तार दे गया।
उस गुलाल की महक में
आज फिर कोई हमें रंग गया।

प्यार की खुशबू में
सराबोर कर गया।
तेरे आने की आहट से ही
तू मुझे विभोर कर गया।

सुरमई धुन में आज
कोई नये तार दे गया।
सुरमई धुन में आज
कोई नए रंग भर गया।

होली की इस फुहार में
कोई नए विचार दे गया।
रंगों भरी सेज पर कोई
नए त्यौहार दे गया।

तेरे आने से मेरा ये
वतन एक हो गया ।
प्यार में लिपटी हुई
यह जमीन फिर रंगीन हो गई ।
सुरमई धुन में कोई
आज फिर मुझे रंग गया ।

मस्ती की टोली सी
बस्ती बस्ती एक होली सी
रंगों की बारात सजी हो
फिर मेरा वतन सजा है
दुल्हन सा प्यारा लगे ।

फिर होली की धुन ने
मुझे रंग दिया
उस सुरमई धुन ने
फिर मुझे रंग दिया ।

गुनगुनाना तो चाहते थे वक़्त

बंद निगाहों ने फिर से
तुझे पहचाना है
सिसकती आहटों ने कहीं दूर
तुझ पर फिर से प्यार बरसाया है।

आज फिर से तेरे उन लब्ज़ों में
देखा वो बे-सबब प्यार है।
टूटने ना देना कभी उन
प्यारे लम्हों का सिला।
बस यूँ ही बहकती है
तेरी कस्ती मेरे
सोच की धार पर।
जो खोया था
आज उसे पाया है फिर से।

गुनगुनाना तो चाहते थे वक़्त की
हर उस एक रफ़्तार को
पर मुड़ कर देखा तो
पाया सिर्फ और सिर्फ तुम्हे

और वो ठिठौली करती सी पतंग
की तरह वो तेरी नज़रें ।

दुआओं में हमेशा है तेरा नाम
तू इस कदर छुपा है
मेरी हर एक नब्ज़ में
जहाँ मुझे कभी
ख़ुदा भी ना मिला ।

तू है मेरा अपना
सिर्फ मेरा अपना
मेरा सा मेरा वजूद
मेरी परवाह करता सा
मुझमे है तू ।

अब जो पहचान लिया तुझे तो
खोना नहीं है तुझे ।
वक़्त गुनगुना लेंगे हज़ार बार
वक़्त गुनगुनाना सीख लेंगे
अब तो कई कई बार ।

खामोश तबियत उन पन्नों की

कागज़ की लकीरों पर
खींचे हमने सपने कई।
लिखने की कोशिश में सपने
कई कई बार हुई
वो बेबाक बातें यूँ ही।

हर पन्ने पर थी एक ज़िद कहीं
पर खामोश तबियत रही उन पन्नों की।
पर हर एक लकीर सुनाती थी
कहानी कई जन्मों की।
जैसे आसमान से लिख रहा हो कहीं
मेरे ज़िन्दगी के अफ़साने
और सपने कहीं।

जैसे लिख रहा हो
कोई मेरी तक़दीर कहीं।
पन्नों की भी थी ज़िद की
मिटा दे वो लकीरें कई।
दीवानी सी लिखती गई
अपने तक़दीर वहीँ।

मुड़ मुड़ कर देखा
हर एक पन्नों को
पन्नों में थी एक शांति कहीं
एक सुकून कहीं
की कोशिश कर
मैं आगे बड़ी
और लिखती गई
अपने सपनों की ओर
रोज नई लकीर।
भरती गई उड़ाने
रोज सपनों की पंखों में कहीं।

खुश थे वो पन्ने कहीं
मुझ से लड़कर।
सिखा गए की
सपनों की उड़ान खुद ही
उड़ी जाती है।
सिखा गए की –
चंद पन्नों पर नहीं
लिखी जाती है सपनो की उड़ान।
हौसलों और बुलंद इरादों से
भरती है उन पंखों में जान।

मैं मनमुग्धा बस यूँ ही
नाराज़ रही उन पन्नों से।
अब लगा की क्यों
तबियत रही खामोश उन पन्नों की
क्यों ज़िद्द थी उनकी यूँ
उन लकीरों की मिटाने की
क्यों बहके से थे वो
मेरी कहानी मिटाने में।

सिखा गए वो पन्ने बहुत कुछ
उड़ान पंखों की खुद ही भरनी
और खुद ही सीखनी।

यूँ तो खामोश तबियत
थी उन पन्नों की
यूँ आज।

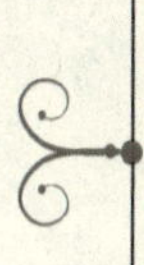

तेरी बेपरवाह ख़ामोशी

तेरी बेपरवाह ख़ामोशी
धुंध सी सफ़ेद वो
तेरी ग़मगीन महफ़िलें।

आज फिर यादों का सैलाब
उमड़ उमड़ कर मानो कह रहा हो
दूर कहीं जो उफनता
उस ओर
एक सिसकता पैमाना है
उसे तेरी हर एक
याद से बाद दफ़नाना है।

यूँ तो
अल्फ़ाज़ सजा कर लाये थे बहुत
पर तेरी आहट ने सब कुछ भुला दिया
अब तो बस एक पैमाना शेष है
तेरे हाथों को अपनी तकदीर बनाना बस है।

तेरी बेपरवाह ख़ामोशी
धुंध सी सफ़ेद वो
तेरी ग़मगीन महफ़िलें।

तुझमे समाया सा
मेरा वो एक एहसास कहीं
सजा कर लाये थे
दिल की मुस्कान कहीं
इबादत की थी उन अरमानों की कहीं
सब कुछ धुंध सा मानो
मेरा वो एहसास
जो गुम सा है तुझमे कहीं।

तेरी बेपरवाह ख़ामोशी
धुंध सी सफ़ेद वो
तेरी ग़मगीन महफ़िलें।

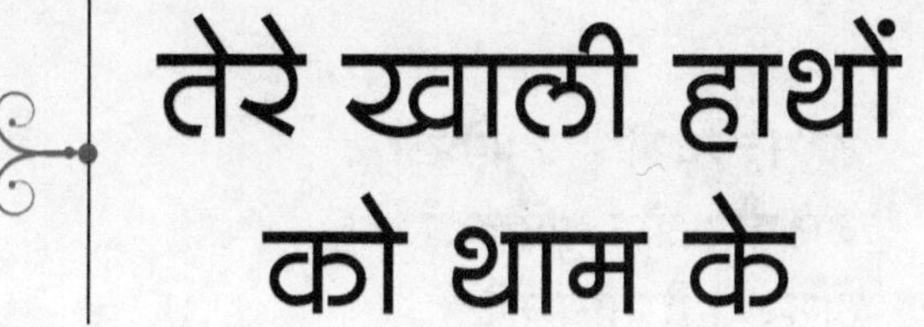

तेरे खाली हाथों को थाम के

तेरे खाली हाथों को थाम के
चले थे हम यूँ एक मंज़िल की ओर
ज़िंदगी के टेढ़े मेढे रास्तों पर
चलकर बनाया घरौंदा
उन कई सपनों का हमने।

प्यार की बूँदों से सींच
खड़ा किया था वो आशियाना नया
उफानों से उभरकर
ज़िन्दगी की ज़द्दोज़हद से लड़कर
हर मुश्किल से किया था वादा हमने
की निभाएंगे सच्चा साथ तेरा
तुझसे लड़कर तुझ ही को
बनाएंगे अपना।

यह ज़िन्दगी है काफिला
नए दौर और मुश्किलों का
अगर तू है साथ मेरे
हर चुनौती है खेल मेरे लिए
हर तूफ़ान है आशियाना मेरे लिए
धूप की चोटिल किरणे हैं
बरफना साया मेरे लिये
तेरा साथ है तो
ज़िन्दगी है एक सवेरा नया मेरे लिये।

तेरा साथ है अगर मेरी रूह
तो मैं खुद में ही काफी कहीं
तेरा साथ है एक एहसास
मुझमे जो ढून्ढ लेता
वो असीम साहस जो
दे हिम्मत ज़िन्दगी को टक्कर देने की
तेरा साथ है तो
ज़िन्दगी है मेरे लिए एक सपना कोई।

 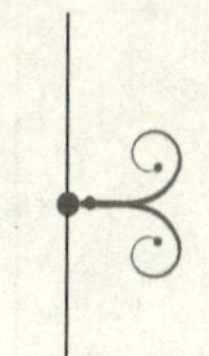

हम उम्मीदों से बढ़ते गये

हम उम्मीदों से बढ़ते गये
और वक़्त हमारा
हाथ थामता गया।

सिलसिला यूँ चला
यादों का और फिर
वो और मेरी तरकश तनहा हो गए।

दूर कहीं से आवाज़ का सन्नाटा
यूँ छाया मानो
दिल के किसी कोने में आज भी
यादों का वह घरोंदा समेटा है
हमने आज फिर।
हम उम्मीदों से बढ़ते गये
और वक़्त हमारा हाथ थामता गया।

दूर कहीं से एक छोर दिखा
मानों कह रहा हो मुझ से
उम्मीदों की तान जो तूने छेड़ी है
उस सुर की डोर वक़्त ने थामी है जैसे
हम उम्मीदों से बढ़ते गये
और वक़्त हमारा हाथ थामता गया।

 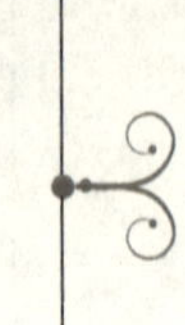

चुरा लिए
दो घड़ी हमने

मस्ती के दो पल
आज फिर चुरा लिये हैं मैंने
उन बदलते लम्हों से।
दो घड़ी का चैन
आज फिर अपना बना
लिया है मैंने।

ज़िन्दगी की यूँ भागम भाग दौड़ में
अपने आप से दो पल
चुरा लिए हैं मैंने।
रेत सा फिसलता वक़्त
कैद कर लिया है
दो घड़ी के लिये मैंने।

अपने आप से किये
कई वादे भुला दिए
दो घड़ी के लिए आज।

मस्ती के दो पल
यूँ कैद कर लिये आज मैंने।
अपने आप से मिलने का
वादा कर लिया है मैंने।

बचपन सा कोमल वक़्त
चुरा लिया है मैंने
दो घड़ी के लिये।

फिर खेलती मुस्कान से
फिर मासूम से बचपन से
चुरा लिया है
दो घड़ी का एहसास मैंने
पलकों में छुपा कर
फिसलते उन सपनों को
यूँ कैद सा कर लिया है।
चुरा लिया उन सपनों को
दो घड़ी के लिए यूँ ही।

मस्ती करते क़दमों से
अंगड़ाई लेते उन हाथों से
चुरा लिया वो बचपन
दो घड़ी के लिए
कर लिया अपने आप
को पाने का वादा
दो घड़ी के लिए यूँ ही।

मस्ती के दो पल
आज फिर चुरा लिये हैं मैंने
उन बदलते लम्हों से।
दो घड़ी का चैन
आज फिर अपना बना
लिया है मैंने।

इबादत है तू मेरी, और इशरत भी

इबादत है तू मेरी
और इशरत भी तू
तू है मेरी रूह
और तू है मेरी ज़ुस्तज़ू
मेरी हाथो की
लकीर में तू
और मेरी हर एक
सांस में तू।

ऐ खुदा खुद को
मुझसे यूँ दूर ना कर।
तेरी ताबीज़ में हूँ
मैं और मेरा अक्ष
तुझमे हूँ समाई मैं
और मुझमे है तू।

तेरी धुन पर यूँ
उठ कर पढ़ती हूँ
ज़िन्दगी की नमाज़ मैं।
तेरी आयतों को सम्भाल कर
पिरोती हूँ हर रोज़ मैं।
तेरी रूह से जुड़कर ,
जुड़ जाती हूँ
मैं इस जहाँ से परवरदिगार।
तू है मेरी हर एक सांस में।
और तू ही मेरी
ज़िन्दगी की बदलती साज़ में।
-ओम श्री साईं बाबा

ज़िन्दगी तुझे सलाम

ज़िन्दगी हौले -हौले
देने का नाम है ।
सरपरस्ती में भी
मिट जाने का नाम है ।

दूर तलक जो ना दिखा
उसे पाने का एहसास है
फिरक्ति ज़िन्दगी से
दो पल जोड़ने
का एहसास है ।

ज़िन्दगी हौले -हौले
देने का नाम है ।
बंद आँख में दिखने वाला
एक ख्वाब है ज़िन्दगी ।
सोते हुए बूँद बूँद से
बना एक सागर है ज़िन्दगी ।
ज़िन्दगी में गर है हार
तो जीत भी है ज़िन्दगी ।

ज़िन्दगी तुझे सलाम
उन अनगिनत सवालों के लिये
जो ढूंढे पर भी ना मिले

और कभी मिल जाते
बेबाक यूँ ही।

ज़िन्दगी है उस अनन्त आकाश सी
जिसमे उड़ते हैं कई स्वप्न कहीं
दौड़ते है उमड़ते बादलों सी
कई पहचान कहीं।

ज़िन्दगी है उस शांत समंदर सी
जिसमे समाई है
अनन्त आकाश की परछाई
जिसमे भरे हैं
विश्वास के कई गोते कहीं
जिसमे छुपे हैं बेमोल
सपनों की डुबकियां कहीं।

ज़िन्दगी हौले -हौले
देने का नाम है।
ज़िन्दगी सपनो से बातें
करने का नाम है
आकाश और समंदर से
बातें करने का नाम है
उन अनगिनत सवालों को
ढूंढने का नाम है !!!

ज़िन्दगी तुझे सलाम !!!
हौले हौले जो चले
रफ़्तार की पटरी पर सवार।

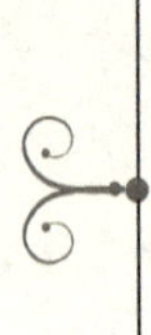

बूँद बूँद जुड़ जाये तो

बिखर कर यूँ टूट भी
गए तो क्या ।
ज़िन्दगी का हौसला
गर मद्धम मद्धम हो
भी जाये तो क्या ।

हसरतों के बादल गर
उड़ कर बिखर जाये भी तो क्या ।
अभी भी ओस गर
बूँद बूँद जुड़ जाये तो
हिला दे तूफ़ान कहीं ।

ललकार सकती है वो एक
दृढ़ सोच – तेरी अपनी सोच
वो समंदर के कई तूफ़ान को
सहला सकती है कई
भयावह लहरों को
मोड़ सकती है हवाओं की
धाराओं को ।

अविचल और निश्छल सी
वो तेरी एक दृढ़ सोच
तेरी एक निश्छल पहल
देगी तेरा वो साथ।
गर जुड़ जाये वो
तेरे वो सोच के हर एक कदम
मिला सकते हैं कई।

नये रंगों की दौड़ !!!

आज फिर कदम हैं
बादलों की नाव पर सवार
दूर कहीं उड़नखटोले
से मस्ती की दौड़ करते
आँख मिचौनी खेलते से
ये बिजली की तारें
पुकार रहीं है
नयी सोच का दौर।

आज फिर दिल की
बेबाक बातें बाल मन सी
उन्मुक्त हो व्यक्त हो जाना चाहती हैं
खो जाना चाहती हैं
नयी सोच के द्वार के संग
खिलखिला के, प्रकृति के रंगों
के साथ जुड़ जाना चाहती है।

उड़ जाना चाहते हैं
ज़िन्दगी के ये नए रंग
मुस्काते उड़नखटोले के संग !

बंद आँखों से खेलते
आँखमिचौनी करते से
यह नए रंग !!!
खोल देना चाहते हैं
प्रकृति के वो सब द्वार
जो कहीं हैं बंद
मेरे और तेरे द्वारा !!!

आज फिर कदम हैं
बादलों की नांव पर सवार
उन रंगों के यूँ आज
भरते कई इंद्रधनुष को
नए रंगों के साथ
सात स्वरों से सजे
सात रंगों से भरे
कई नए रंगों की खोज में निकले
आंखमिचौनी करते से यह
नये रंगों की दौड़ !!!

आज फिर कदम हैं
बादलों की नाव पर सवार
उन सात रंगों के और
कई उन नए रंगों के
फिर हज़ार कदम से बन कर एक
चल पड़े मुस्काते उड़नखटोले में कहीं !!!

भागूँ मैं ऐसे वैसे

भागूँ मैं ऐसे वैसे
चल पकड़ लाये
एक तितली कहीं से ।

तू बन जा उसकी दोस्त
और फिर हम
बाहें पसारे
बिताएं वो घड़ियाँ
स्कूल के प्रेयर ग्राउंड के
पीछे वाली मैदान में ।

वो घड़ी घड़ी
चिड़ियों को उड़ते देखना ।
तो कहीं फुटबॉल
तो कहीं वॉलीबाल
तो कहीं
कब्बडी का मैच देखना
स्पोर्ट्स पीरियड का
यूँ इन्तज़ार करना ।

पेपर के बॉल बना बना कर
यूँ दोस्तों पर फेंकना ।
तो कभी
कागज़ की टेल लगा कर
फ्रेंड्स को उल्लू बनाना ।

कभी टीचर ना आये तो
फिजिक्स को डांस पीरियड बना डालना ।
हिंदी की वो क्लास में बार बार
जम्हाइयां लेना ।
और खुद के नींद में सोती
एक लेक्चर बुक तैयार करना ।

केमिस्ट्री की लैब में यूँ
वर्स्ट रिएक्शन्स की बातें करना ।
तो कभी जान बूझकर
टेस्ट ट्यूब्स तोड़ देना ।

आर्गेनिक केमिस्ट्री
सच में यार बहुत याद आती है यार ।
बनाने वाले ने क्या खूब बनायीं है ये
फार्मूला पर फार्मूला
टु इंटरेस्टिंग यार ।

बस लगता तो
बोरिंग एक है पीरियड था।
और वो भी SUPW का
पर हम उस्ताद
बना डालते थे उसे भी गेम्स पीरियड।

इंग्लिश क्लास में
फ्रेंड्स का वह ऐन्टेना गेम।
तो कभी रखना
फ्रेंड्स के ढेर सारे निक नाम।

हर छोटी छोटी बात पर लड़ना
तो फिर एक पल में ही दोस्त बना लेना।

याद आते हैं वो
स्कूल के दिन
सच्चे और भोले दिन।

आँखें क्यों है नम ?

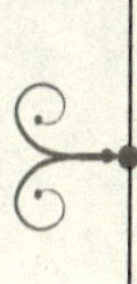

आँखों में नमी थी
वो तेरी भीगी मुस्कान
वो गुमसुम सी एक नज़र
मद्धम से पहर डोले ।

तेरे बाल मन से निकले
वो तेरे मीठे मीठे बोल
हौले हौले सुनाते हैं
तेरी कागज़ की कस्ती की कहानी ।

पता है मुझे ऐ मेरे बाल मन
खड़ी की है तूने एक कस्ती कहीं
बाँध ले उसे एक ज़मीन से
नए पंख सजा उड़ा ले उसे कहीं ।

क्यों आँखें हैं तेरी नम
क्यों बाहें हैं तेरी थमी सी
ए मेरे बाल मन
क्यों है तू इतना विभोर
क्यों हो चला है उद्विग्न !

आँखों में नमी सी
और वो भीगी सी मुस्कान तेरी
वो गुमसुम सी नज़रें तेरी
मद्धम मद्धम से पहरे तेरे
शांत हो चल मेरे मन !!!

क्यों है तू इतना विभोर
क्यों हो चला है उद्विग्न !
क्यों हैं आँखें तेरी नम !!!

हंसी की दुआ है
-दोस्ती !!!

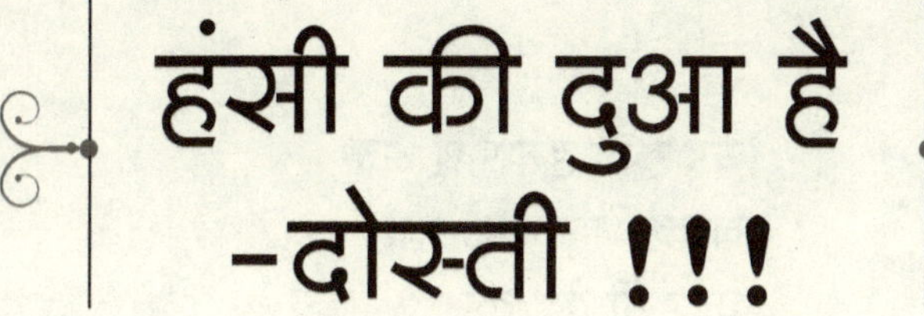

हंसी की दुआ है दोस्ती !!!
गम से दोस्ती की थी
कुछ ऐसे
फिर क्यों हसना सिखा दिया
ए मेरे दोस्त !!!
वैसे ही ग़मों से दोस्ती अच्छी थी
क्यों जीने का रुख ही
बदल दिया तूने ।

काफी हिम्मत थी हम में
क्यों अपनेपन का साथ दे
क्यों हंसी देकर कमजोर बना दिया
गम की दवा ही काफी थी
क्यों मुस्कराहटों का तूफान दे डाला हमें ।

नहीं है आदत अब इन
मुस्कराहटों की
देना उसे जिसे हो क़द्र इनकी ।
नहीं संभाली जाती

यह हंसी हमसे यूँ अब
न कोशिश करो हमें
वो हंसी देने की
जिसका हमें न भरोसा है
और ना ही आदत कोई।

कमजोर हो चलें हैं हम
इस हंसी की गुस्ताखी से।
गम की आदत थी हमें
क्यों हसना सिखा दिया तूने
ए मेरे दोस्त !!!
वैसे ही ग़मों से दोस्ती अच्छी थी
क्यों जीने का रुख ही
बदल दिया तूने।

हंसी की दुआ बन
बदल दी तूने
दुनिया किसी की
हंसी की दुआ बन
बदल दिया किसी का
विश्वास कहीं
दोस्त तू है
हर एक नब्ज़ में दौड़ता
खुदा की हज़ारों दुआओं का सलाम !!!

 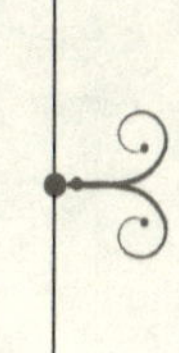

तेरी मुस्कान
यूँ संग है !!!

रेत के मंज़र पर
लिखे कई अफ़साने हमने
महकती हवाओं और गर्म सर्द
हवाओं में ठिठुरती धुंध पर
चढाई आज प्यार की एक मुस्कान हमने ।

ज़िन्दगी के कई पन्ने
लिख डाले आज हमने
तेरा साथ है तो
दम और ख़म है हम में ।
बस यूँ ही रहे साथ तेरा
हौसला और उम्मीदें रहे ।
पत्थर के इरादे भी कम हैं
तेरी मुस्कान में वो दम है
तेरी मुस्कान गर है यूँ ही
तो फिर रेत का मंज़र
हवाओं के सिरे और
ज़िन्दगी के हज़ार पन्ने
बस यूँ ही है मेरे ।

चट्टानों का फौलाद भी कम है
गर तेरी मुस्कान यूँ संग है
तूफानों का वेग भी कम है
गर तेरा हौसला संग है
तू जो है मुझमे सा
मेरा सा – मेरा साया सा !
मेरा हौसला मेरा फैसला ।
तू है मेरा अपना अस्तित्व
मेरा एहसास मेरा जूनून !
तेरे हौसले और तेरे फैसले में वो दम है
यूँ फिर रेत का मंज़र
हवाओं के सिरे और
ज़िन्दगी के हज़ार पन्ने
बस यूँ ही है मेरे ।

बादलों की जेब में यूँ चल

आ कुछ मैं तेरी सुनों
और कुछ तू मेरी
चल आसमान के टुकड़े पर
सजाएं ख्वाब नए।

कुछ अनमने से तो कुछ मनमाने से
कुछ बेनामी पैगाम दौड़ाएं।
तेरी हसरतों की फुलजरियों से
आ कुछ नए दीप जलाएं।

सुनती सी है तू
पर फिर भी क्यों है अलग थलग
आ कुछ मैं तेरी सुनों
और तू कुछ मेरी।
बादलों की जेब में यूँ चल
एक नयी तक़दीर सजाएं
भरती मुस्कान की जेब में
चल एक रुपया तेरा डालूं
और चल एक मेरा
हिला हिला कर चल उस गुल्लक को
देखें कितने जोड़े सपने तूने और मैंने।

आ कुछ मैं तेरी सुनों
और कुछ तू मेरी
चल आसमान के टुकड़े पर
सजाएं ख्वाब नए ।

तेरी जेब में है
मुस्काती मेरी मुस्कान
खेलती मेरी वो सोच
चल एक पहल तू कर
और एक पहल मैं
फिर देखें कितने पाले
तूने जीते और कितने मैंने ।

आ कुछ मैं तेरी सुनों
और कुछ तू मेरी
चल आसमान के टुकड़े पर
सजाएं ख्वाब नए ।

चल भर ले घड़ियों को
तेरे मेरे साये में
थोड़ा वक़्त तू थाम
और थोड़ा मैं
चल देखें कितना
वक़्त तूने जीता
और कितना मैंने ।

आ कुछ मैं तेरी सुनों
और कुछ तू मेरी
चल आसमान के टुकड़े पर
सजाएं ख्वाब नए ।

देखा है खुदा नया

तेरी मासूमियत में
देखा है मैंने
एक खुदा नया
तेरी पाक सी आँखों में
देखा है एक सपना नया।

मासूम सा तेरा यह बचपन
हर दिल के तार को जोड़ते
वो तेरे मीठे बोल
दुनिया की हर बईमानी से दूर
मिठास की फुहार
जाते हैं यह घोल।

तेरी मासूमियत में
देखा है मैंने
एक खुदा नया।

चंचल सी मुस्कान तेरी
मलमल सी थाप वो तेरी
नन्हे से मुस्काते कदम
देखा है उनमे मैंने
एक खुदा नया।
पहचाना है खुदा का
एक रूप नया।

तेरी मासूमियत में
पहचाना है मैंने
एक खुदा नया।
महसूस किया है
एक बचपन बेगाना
तेरी कोमल मुस्कान में
देखा है भोला सा
एक खुदा नया।

तेरे नन्हे कदम में
देखा है एक खुदा नया
तेरे मासूम सवालों में
पूछा है मैंने एक
सलोना सा खुदा नया।

तेरी मासूमियत में
देखा है मैंने
एक खुदा नया।

तेरी थिरकती उंगलियों में
देखा है एक बचपन नया
महसूस किया खुदा का
वो बचपन नया।

तेरी मासूमियत में
देखा है मैंने
एक खुदा नया।

खामोश स्याही

चुपके-चुपके हौले-हौले
कुछ तो है जो
बेचैन करे मुझे
बार बार पढ़ती हूँ
उन नग्मों को यूँ मैं
कुछ तो है जो मुझमे समाया सा है ।

उस दामन पर जो नाम लिखा है
उस खामोश स्याही ने
लगता है खुदा की इनायत है वो मेरे लिए
चल तेरी शाम को कई नग्मों से सजाएं
ऐसा बोल खामोश स्याही
फिर हो चली खामोश ।

चल बंद मुट्ठी कर तू अपनी
और खींच ले कई लकीरें यूँ ही
खामोश स्याही लिख पड़ी
हज़ार पन्ने मेरे हाथों पर यूँ ही
लिखने चली इतिहास की
एक नयी छोर कहीं ।

फिर लिखने अनगिनत किस्से
खामोश स्याही बोल पड़ी यूँ फिर से
फिर लिखने हौसलों की नयी कहानी
बोल पड़ी फिर से बेबाक यूँ ही।

खामोश स्याही - खामोश स्याही
लिखने चली एक नयी डोर
और फिर से खामोश सी
कई तकदीरों को लिखने के बाद
फिर बिफरी सी
वो खामोश स्याही
लिखने चली किसी और की
हाथों में नयी तक़दीर सजाने।

वो खामोश सी स्याही
लिखती सी एक खामोश लकीर कहीं
मेरी खामोश स्याही
मेरी खामोश लकीरों के साथ
चल पड़ी है फिर से
एक नया कारवां तय करने की ज़िद में
मेरी स्याही - मेरी खामोश स्याही।

शब्दों की भले ही

शब्दों की भले ही
कोई ज़ुबान न हो
पर छेड़ते हैं वो
हमेशा एक नयी धुन
और गाते हैं
एक नया सुर।

अर्थों की वीणा पर
छेड़ कर तो देखो
वही शब्द गूंजते हैं
एक उम्मीद बन।

लाते हैं ख़ुशी कहीं
तो बना देते हैं
माहौल कभी।
कभी यादों की
बारात लाते
तो कभी
बिछड़े पलों को भुला देते।

शब्द वैसे तो दीखते हैं
यह मूक कहीं।
पर जब जुड़ता है
इनका किसी से एहसास
तो बन जाते हैं
किसी की रूह भी यही।

शब्द जब मिलते हैं
किसी एहसास से
तो जोड़ देता है
उम्मीदों का कई तार कहीं।

जो बिखर जाये तो
बनकर उफान सा
तोड़ दे कई घरौंदे यूँ ही।

शब्दों की भले ही
कोई जुबान न हो
पर बनते हैं वो कई सुर
और कई धुन
जोड़ते हैं प्रकृति के
कई तार यूँ ही।

ब्रह्माण्ड तक फैली है
शब्दों की कई भाषा
हर एक प्राणी में बसती है
शब्दों की कई नयी व्याख्या।

छेड़ते हैं वो
हमेशा एक नयी धुन
और गाते हैं
एक नया सुर।

# कवि हूँ मैं 

कवि हूँ मैं
हृदय ग्रंथि ही
समझ में आये।
तोल मोल कर
होती नहीं
दुनियादारी की बातें मुझसे।

सीधी सादी बातें हैं
जो हृदय ग्रन्थ से निकलती हैं।
टेढ़े मेढ़े पग ना जानूं
सीधी सरल सी भाषा है।

हाँ कवि हूँ मैं
हृदय ग्रंथि को खोलता हूँ।
दिल की ही पाक भाषा से
करता हूँ मैं
कलम-हृदय का मंथन।

बेचैन सा अनमना सा रहता हूँ
इधर उधर बस ढूंढूं मैं
काव्य रस का दीवाना हूँ।
नहीं समझ में आती मुझको
प्रपंच बाण की कमान
सीधा सादा मन है मेरा
बस मन की बातें भाती हैं।

जो प्यार रस घोल
जाये वाणी में
ऐसे ही रस का प्यासा हूँ।
लिखता हूँ अपनी कलम से
दुनिया भर के संवाद यहीं।
इन्ही सभी में दीखता है –
मुझको प्रतिबिम्ब मेरा
जुड़ जाता हूँ रूह से
गर कलम हृदय मिल जाते हैं।

मैं हूँ एक कवि
काव्य –रस ही भाता है।
बांध सकी ना कोई ज़ंज़ीर कभी
मेरे उन्मुक्त विचारों को।
तोड़ सकी ना कोई सरहदें
मेरी ज़िद्दी कलम के पैमाने को।
भेद सका ना कोई मेरे

काव्य रस के पैमाने को ।
हृदय ग्रंथि के टुकड़े
चाहे जितने तुम यूँ कर लो
हर एक कण में बसता है
वो काव्य रस का टुकड़ा है ।

हाँ मैं हूँ एक कवि
काव्य रस ही मेरी भाषा है ।
नहीं समझनी मुझको
दुनिया की ये मोटी बातें
मैं मनमुग्धा –
खुश हूँ इस प्यारी सी पहचान से ।

कवि हूँ मैं
हृदय ग्रंथि ही
समझ में आये ।
तोल मोल कर
होती नहीं
दुनियादारी की बातें मुझसे ।

Other Contributions:

निम्न संकलन में कवि के रूप में कुछ कवितायेँ भी चयनित हुई ।

1. Contributed "Thoughts were yours" in Shades of Pain in her Eyes , an international anthology of poem.

2. Contributed "Unacclaimed Tears" in "Tinkles of Rhyme" an anthology based on "Cocktail of Emotions"